QUELQUES IDÉES

SUR

LA DIRECTION DES ARTS

ET SUR LE MAINTIEN DU GOÛT PUBLIC.

QUELQUES IDÉES

SUR

LA DIRECTION DES ARTS

ET SUR LE MAINTIEN DU GOÛT PUBLIC,

PAR

LE COMTE DE LABORDE,

MEMBRE DE L'INSTITUT.

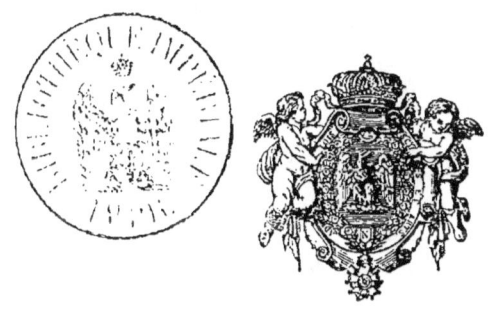

PARIS.

IMPRIMERIE IMPÉRIALE.

M DCCC LVI.

1857

QUELQUES IDÉES

SUR

LA DIRECTION DES ARTS

ET SUR LE MAINTIEN DU GOÛT PUBLIC.

———◆◆◆———

MAINTIEN DU GOÛT PUBLIC PAR LA DIRECTION DES ARTS [1].

DIRECTION SUPÉRIEURE DES ARTS. Après avoir formé des artistes nombreux dans le vaste ensemble de l'activité humaine, après avoir en même temps créé un public artiste, l'État doit aux premiers, il doit au second de les maintenir dans la voie la meilleure. Le maintien du bon goût, chez tous et en toutes choses, sera confié à une direction unique, ministère, intendance ou conservatoire, à une direction puissante par l'autorité morale du chef,

[1] Nommé, en avril 1851, membre de la commission française envoyée à Londres pour faire partie du jury international de l'Exposition universelle, ma mission consistait, suivant les termes des instructions ministérielles, *à rendre compte au Gouvernement français des progrès des beaux-arts des nations concurrentes attestés par l'exposition, et aussi à présenter mes vues sur les moyens de perfectionnement suggérés par ce parallèle.*

Le Gouvernement vient de publier mon travail, dans lequel, après avoir décrit les divers modes de protection appliqués aux arts et à l'industrie depuis l'antiquité jusqu'à nos jours, après avoir tracé le tableau de l'état des arts chez toutes les nations du globe, je démontre qu'une certaine décadence du goût, qu'un notable affaiblissement des études, qu'un fâcheux abandon des traditions du métier, menacent à la fois nos arts et notre industrie, les menacent d'une manière d'autant plus dangereuse, que les nations rivales font de plus grands efforts pour encourager leurs artistes, élever l'art, perfectionner le goût.

En face de ce bilan du passé, je place les espérances de l'avenir; elles sont fondées sur l'union des arts et de l'industrie, sur l'initiation de tous à la culture des arts, sur la recherche de la perfection encouragée par l'initiative de l'État, et, par-dessus tout, sur la direction des arts et le maintien du goût public.

Mais ce dernier chapitre avait pris une telle extension, que j'ai dû me réduire à donner seulement le sommaire et comme l'intitulé des nombreuses questions que j'avais traitées avec les développements qu'elles comportent. C'est ce résumé que je reproduis ici. J'en ai élagué toutes les considérations générales, j'ai réduit à quelques pages la première partie, la plus importante, celle dans laquelle j'exposais mes idées sur la direction des arts; mais j'ai laissé un peu plus d'étendue à la seconde partie, où se trouvent plusieurs propositions qui peuvent recevoir dès à présent une application utile.

Les retards apportés par diverses circonstances à la publication de ce rapport m'imposent l'obligation de retrancher de cet appendice un chapitre entier : celui des percements de nouvelles voies publiques dans Paris, et d'ajouter en même temps un chapitre entier : celui du maintien du goût public par les influences de la cour. D'un côté, une main puissante va réaliser ce qu'on osait à peine rêver; de l'autre, une main gracieuse va prendre la direction du goût et des manières. Ces nouvelles perspectives de l'avenir ne pouvaient être indiquées que de cette manière; autrement j'aurais changé la physionomie d'un travail qui s'arrête à la fin de 1851.

1

par l'étendue des attributions et par l'importance des crédits mis à sa disposition. Sa mission se divisera en deux parts : 1° celle des artistes, à qui il donne l'occasion de produire dans les conditions les plus favorables au développement de leurs talents; 2° celle du public, auquel il donne l'occasion de se familiariser avec le bon goût, par les yeux, par les oreilles, par chaque acte de la vie, par chaque sens, et comme par tous les pores. — *Considérations générales.* — *Historique applicable à la France.* — *La liberté dans les arts, c'est l'inspiration, l'invention, l'originalité; c'est aussi l'instabilité. La règle, c'est la mesure, la tradition, l'autorité des maîtres, c'est-à-dire la stabilité. Unir et confondre ces deux principes qu'on croit à tort inconciliables, c'est fonder quelque chose de durable.* — *L'idéal de la perfection.* — Les œuvres châtiées, les créations sévères, la poésie dans le style, l'idéal associé à la forme, sont les problèmes dont les tentatives heureuses doivent être exclusivement encouragées, dont les chefs-d'œuvre seront mis sous les yeux de tous. Quant aux productions faciles de la grâce, de l'afféterie, du sensualisme, qui empruntent, pour mieux réussir, toutes les petites séductions des types à la mode, des couleurs à la mode, des attitudes et des vêtements à la mode, il n'y a pas lieu de les proscrire ni de les encourager : ce sera toujours goûté, applaudi et apprécié en France. Il n'y a pas lieu non plus de prendre souci de l'esprit dans la littérature; mais on s'inquiétera du bon sens, de la rectitude des idées et du point de vue, qui ne saurait être trop élevé. — *Les principes de l'enseignement continués et développés par la direction des arts.* — Les meilleures institutions ne détruiront pas le mauvais goût : comme l'ivraie, il faut l'arracher une fois et le combattre toujours; mais, unies au bon goût, les bonnes institutions dominent les mauvaises tendances. — *Exemples tirés de l'histoire des arts.* — Pas de camaraderie; ne pas souffrir qu'il se forme dans les régions du pouvoir une petite église, absolue, tranchante, et en même temps bien close, bien impénétrable à tout ce qui ne jure pas par tel maître et ne se soumet pas à une tyrannie subalterne. — *Des bonnes intentions et des mauvais effets dans le passé.* — *Une balance égale entre les arts et l'industrie.* — *Une seule règle : la poursuite d'un idéal de perfection, et cet idéal placé haut.* — Attributions. *Plus elles sont étendues, plus l'unité est grande et l'ensemble complet.* — *Tiraillements et disparates, conséquence du morcellement de l'action.* — *Faits nombreux.* — *Monuments et ouvrages d'art qui se ressentent de ce désaccord.* — Budget. Les grandes dépenses sont : l'enseignement du dessin et de la musique dans toutes les écoles, l'organisation des écoles spéciales des beaux-arts, les publications de modèles, l'exécution des grands travaux. — *Toutes ces dépenses développées progressivement, avec une sage lenteur, sur un plan d'ensemble arrêté en principe et consciencieusement suivi.* — *Dépenses sous l'ancienne monarchie, sous l'Empire, la Restauration et le gouvernement du roi Louis-Philippe.* — *Détails sur la construction des résidences et de chacun de nos grands monuments.* — *Les dépenses imposées par les arts sont minimes, comparées aux autres services.* — *Ces dépenses sont inaperçues, si on les met en parallèle avec le mouvement d'exportation qu'elles assurent à notre commerce,*

tandis que des économies sur ce point menacent de fermer partout nos débouchés.
— CHOIX D'UN CHEF. Sans une tête qui dirige les efforts, sans une âme qui
inspire les réformes, sans un homme qui fait de la direction des arts et de
l'industrie son affaire parce qu'elle est sa passion et qu'elle sera son devoir,
nous resterons dans une situation dangereuse. Un homme considérable et
considéré, puissant par le nom, l'éducation et la fortune, ami des arts et
leur protecteur naturel, en rapport de longue date avec les artistes et avec
l'industrie, connu par ses écrits, de manière à faire autorité par ses décisions, estimé par son impartialité comme étant étranger aux préventions
d'école, aux camaraderies d'artistes, aux influences académiques. *Un simple
caporal est, dans cette position, préférable à un demi-savant, à un à peu près
d'artiste : l'un suit la lettre et maintient l'ordre, l'autre fausse l'esprit et introduit
l'anarchie.*— PERSONNEL. *Des hommes capables, donnant la garantie d'un esprit
supérieur par leurs études spéciales.* — Cinq divisions : 1° l'enseignement;
2° les commandes ou l'art militant; 3° la littérature et les théâtres; 4° la
musique; 5° l'industrie. *Les chefs de division forment près du directeur ou du
ministre un conseil qui donne à toutes les mesures la force de l'unité et le caractère imposant de l'ensemble. — Les inspecteurs des beaux-arts. — Leur influence.
— Qualités qu'on devra exiger pour ces fonctions.* — LES COMMISSIONS. Laissez
les artistes à leurs travaux, ne les traînez pas dans vos commissions et
dans vos jurys. L'enseignement général des arts, en multipliant les artistes
de talent dans toutes les classes de la société, formera bientôt une pha-
lange d'amateurs qui, après s'être exercés avec ardeur et s'être retirés de
la lice avec modestie, abandonneront la pratique des arts pour s'en faire
les juges, les critiques et les historiens. C'est là un personnel excellent
pour former les commissions, les jurys, les conseils. — LES CONCOURS.
Les arts, placés sous la direction d'un ministre politique, ont été soumis
à des concours qui devaient *concilier l'intérêt de l'art avec les garanties administratives,* mais qui n'ont jamais concilié que l'avénement des médiocrités
avec l'abaissement de l'art. — *Les concours seront maintenus dans les classes
de l'école; les concours ne seront appliqués ni aux travaux des artistes ni aux
commandes du Gouvernement. — Cruelles déceptions des concours depuis le
temple de la Gloire en 1807 jusqu'au tombeau de l'Empereur aux Invalides en
1842.* Les Grecs mettaient tout au concours, parce que la lutte avait pour
juge un peuple entier de fins connaisseurs. Les combats des athlètes, la
poésie, la musique, la danse, les compositions dramatiques de la scène, étaient
les sujets de concours incessamment renouvelés; on n'accordait même pas
la gravure d'une inscription, l'emploi d'un héraut ou d'un trompette, sans
un concours de calligraphie, de voix et d'instrument. Toutefois, ces concours étaient toujours dominés par la venue d'un artiste hors ligne; les
concurrents s'effaçaient, ou bien le peuple grec renonçait au concours,
aussitôt que le talent incontesté entrait en lice. — *Les concours ont été abandonnés du moment où le public n'a plus été un bon juge.* — Après la lutte
solennelle de cinq grands artistes pour faire les portes de bronze du baptis-

1.

tère de Florence, les protecteurs des arts et les artistes se réunirent d'un commun accord pour renoncer aux concours et pour revenir à l'autorité des hommes de goût, chefs de républiques ou de royaumes, guidés par leur amour de l'art, les travaux antérieurs de l'artiste et la faveur de l'opinion publique. — *En 1727, un essai de concours entre douze peintres; Lemoine et de Troy partagèrent le prix, Coypel eut un accessit.* — *Inutilité de cette tentative isolée.* — Aux grandes époques, du temps de Périclès et de Léon X, quand les princes, médiocrement occupés des détails administratifs de leurs États, consacraient la meilleure part de leur journée à leurs goûts pour les œuvres de l'art et de l'esprit, s'ils concevaient l'idée de se bâtir un château de plaisance, de décorer une chapelle ou d'orner un palais, Michel-Ange, Raphaël ou le Primatice entraient dans leur tête en même temps que le projet. Alors ils disaient à ces artistes : Faites, et ils laissaient faire, au risque d'être brutalisés quand ils venaient se mêler de ce qui, jusqu'à complet achèvement, ne les regardait plus. — Les formes administratives exigent-elles qu'on mette une statue au concours, comme on met une fourniture de bois en adjudication? Oui, aussi longtemps que le ministre politique chargé de la direction des beaux-arts sera préoccupé de soins plus importants, et sentira la nécessité de mettre sa responsabilité à l'abri derrière ce genre de contrôle; mais, quand il connaîtra son personnel artiste comme le ministre de l'instruction publique connaît ses professeurs, le ministre de la guerre ses officiers, le général d'armée ses soldats, il saura les hommes qui conviennent à telle œuvre, comme ses confrères savent ceux qui peuvent occuper une chaire de faculté, un emploi de colonel, ou s'acquitter d'une expédition difficile. — Je ne voudrais pas de concours, mais j'aimerais à appeler en toutes choses le public à juger des œuvres de nos artistes, à les mettre en communication et en rapport, les uns et les autres s'instruisant dans ce contact, se polissant dans ce frottement. — *Donner à la peinture un mur de 600 mètres de long, à la sculpture une avenue de deux kilomètres, en plein air et sur le passage de la ville entière.* — *Économie de ces deux projets.* — Contre la sale muraille qui, sur les bords de la Seine, déshonore par son délabrement le jardin des Tuileries, on élèverait un revêtement de briques enduit de ciment et de plâtre qui serait divisé en 100 cadres de 5 mètres de large sur 3 de haut. Un vitrage élégant descendrait du couronnement du mur jusqu'aux réverbères et formerait pour les promeneurs un abri assuré, en été contre le soleil, en hiver contre la pluie et la neige. Ne pensons qu'à l'intérêt de l'art. Tous ces espaces, encadrés entre des pilastres ornés, seraient peints ou stuqués en imitation de marbre, de manière à présenter une simple et riche ordonnance; mais d'avance on aurait arrêté les sujets historiques qui devraient les remplir, et le programme serait porté à la connaissance de toutes nos écoles. Chaque année, après l'exposition des envois de Rome, après que l'opinion publique se serait prononcée, et soit sur la proposition de l'École ou de l'Académie, soit sur le rapport d'une commission renouvelée tous les ans, l'Administra-

tion déciderait si un des élèves s'est montré digne de remplir un des encadrements avec le sujet qui a souri à son imagination, qu'il a choisi
librement, qu'il a longuement préparé. Il n'y a pas là, comme on voit, un
concours dans sa rigueur; c'est plutôt une source d'émulation. La sculpture aurait aussi sa carrière ouverte à l'imagination des jeunes gens.
L'avenue des Champs-Élysées appelle une décoration monumentale. L'essai
fait en 1840 a été satisfaisant. On construirait les piédestaux d'abord dans
la partie qui s'étend de la place Louis XV au rond-point, et on les ornerait
avec les plâtres des chefs-d'œuvre de la statuaire antique et moderne, et
chaque année, après l'exposition des envois de Rome, un ou plusieurs des
élèves seraient chargés de remplacer les plâtres par les groupes en marbre
des personnages inscrits au programme. Je dis groupes et non pas figures,
parce que l'espace permet de renoncer à l'alignement monotone de figures
isolées et autorise à composer pour ces piédestaux des groupes de figures
qui associent un personnage et une idée, un guerrier avec l'action d'éclat
qui l'illustre, un citoyen avec le grand acte de sa vie, un savant avec les
figures qui expriment allégoriquement ses découvertes. Ayant eu la liberté
dans leur choix, ayant conçu leur figure en vue de la destination projetée, ces
jeunes artistes se trouveraient dans les vraies conditions de l'art. La routine
aura bien des objections, bien des quolibets contre des propositions de ce
genre; mais, loin de se laisser étourdir par cette tour de Babel, qui s'appelle
aujourd'hui l'opinion, dans les questions d'art, les hommes qui ont réfléchi
sur l'avenir de nos artistes savent ce que valent les premiers élans d'une jeunesse aguerrie, les tendances naïves d'un talent à ses débuts : ils seraient heureux que ces galeries de la peinture et de la sculpture monumentales eussent
été ouvertes quand David, Gros et Ingres revenaient de Rome ; leurs tableaux
à cette date auraient valu ce que valent les *juvenilia* des hommes de génie, et,
de même qu'on s'attache davantage aux premiers ouvrages de Raphaël, on
regarderait avec une bienveillance particulière les tentatives de jeunes gens
devenus de grands artistes, et dont les vingt-cinq ans sont à la fois l'excuse
du présent et la promesse de l'avenir. Ces œuvres, exposées au jugement du
public, comme les tableaux qu'Apelle offrait à la critique des passants,
auront le double avantage d'éclairer l'artiste et d'entretenir la foule dans
l'amour de l'art. Associer la population à ces discussions, donner une part
de responsabilité à l'opinion, faire de l'art un intérêt public, c'est avancer
l'éducation de la nation de front avec celle des artistes. Un jour on se dira
dans tout Paris qu'on a placé la statue d'un tel, un jeune artiste de vingt-
deux ans, sur un des piédestaux des Champs-Élysées, ou qu'on a découvert
la peinture de tel autre élève le long du jardin des Tuileries, et la foule de
se mettre en route, de jaser pendant huit jours et de discuter sur le mérite
des œuvres; cela vaut bien les conversations sur la rente et ne les empêche
pas. — *Les travaux d'art.* — *Leur importance doublée par un plan arrêté d'avance et suivi lentement, de manière à proportionner les commandes au talent des
artistes.* — *La hâte sera proscrite.* — *Pas de débordement, pas de stagnation de*

travaux. — *Trop de commandes dépassent la puissance productive, trop peu l'énervent.* — Les artistes. Comme les enfants, ils n'ont reçu de Dieu que des qualités; leurs défauts viennent de nous. — Les artistes, disent les Anglais, ont double collection de nerfs et pas de peau pour les recouvrir. Ménagez donc ces natures susceptibles et irritables. Un saint a ses erreurs, la femme la plus pure a ses faiblesses, et vous ne voulez pas que le génie ait ses infirmités! Prenez garde de vous tromper. Vous vous offusquez du désordre de l'artiste, son assurance vous est insupportable, vous appelez orgueil le sentiment qu'il a de sa force, et entêtement, caprices, lubies, ce qui est en lui un principe arrêté après bien des combats, une conviction formée au milieu de mille incertitudes. — Un jour, dans une commission, on se plaignait d'un artiste de talent qui ne savait pas se soumettre aux formes administratives; un chef de bureau alla même jusqu'à dire qu'il serait dorénavant impossible de l'employer, que c'était un fou. A ce mot, Duban releva la tête, et, comme un lion qui secoue sa crinière, rejetant sa forêt de cheveux en arrière, il s'écria : «Oui, Monsieur, c'est un fou, car c'est un artiste; s'il n'avait pas été fou, il aurait évité la misère qui est au bout de sa carrière, et avec son intelligence, que vous ne contestez pas, il se serait enrichi à faire du sucre ou de la chandelle. » Les membres de la commission sentirent couler dans la moelle de leurs os quelque chose comme un courant électrique, divin et douloureux : l'artiste conserva ses travaux. Imitons la commission. — On me reprochera de ne pas connaître les artistes, leur fol amour-propre, leurs sentiments haineux les uns pour les autres. — Les artistes sont un sol généreux qui rend selon qu'on y sème, qui donne au centuple à celui qui sait remuer et traiter cette terre légère et féconde, à celui surtout qui ne se laisse rebuter ni par une mauvaise récolte, ni par les mille accidents, contre-temps et espérances déçues qui sont le fait de toute culture; et combien ces contrariétés sont vite oubliées quand par un beau rayon de soleil la plante rare lève et fleurit! Vous avez cru qu'il suffisait d'acheter de la semence, de signer une commande ou une traite sur la banque pour faire surgir le chef-d'œuvre, vous vous étiez trompé; il faut des soins de plus d'un genre, mais tous sont largement compensés par le succès. — *Des égards dus au talent; des rapports avec les artistes.* — Avant tout, donnez une interprétation neuve au mot de commande, qui résonne trop comme à la caserne. Ne commandez qu'une chose à l'artiste, c'est le respect de lui-même. Si vous lui laissez pleine liberté, dira la routine, vous verrez ce que vous obtiendrez de lui; il se moquera de vous, vous serez trompé et volé. Je ne vois pas qu'un artiste ait jamais trompé un camarade, et je suis certain qu'en lui inspirant autant d'intérêt, on sera traité de même. Suivez donc attentivement les artistes dans leur carrière, depuis les débuts dans l'école jusqu'au succès populaire des grandes expositions, connaissez le fort et le faible de leur talent, puis faites votre choix, et, après avoir apparenté les dispositions de chaque artiste avec chacun de vos projets, confiez-leur ces travaux avec deux lignes de commentaire pour toute prescription. Si pour vous décider il vous faut des esquisses, soyez persuadé que l'homme de talent, puissant pour exécuter une grande œuvre, sera malhabile à ce jeu de maquettes et de pochades; sachez aussi que le charlatan de peinture qui vous séduira par une esquisse ne sera capable que d'une grande esquisse et incapable d'exécuter un grand tableau. Soyez mieux préparé pour choisir l'homme éminent, et, le choix fait, soyez plus confiant. Appelez l'artiste près de vous, non pas comme on fait venir un tailleur pour se commander un habit à sa taille, de la forme de son goût et de la couleur de son choix, mais comme un ami avec lequel on veut discuter un intérêt commun. Vous lui direz vos projets, votre but, le sens moral ou politique que vous attachez à cette œuvre; puis, comme le Créateur, vous prononcez le *fiat lux*, et, si vous avez bien choisi, l'artiste doit avoir en lui une lumière dont il vous enverra un reflet pur et éclatant, car son inspiration sera libre; elle n'aura été obscurcie, voilée, par aucune gêne intermédiaire. Ainsi vous sortirez des vieilles routines, ainsi vous rajeunirez l'art par la liberté. Trop longtemps, comme des enfants en lisières, les artistes les plus forts dans leur métier, et qui avaient déjà donné des garanties de leur talent, ont été retenus par vos programmes; il est temps de leur donner l'essor. Qu'ils jettent leurs bourrelets par-dessus les moulins, qu'ils courent, qu'ils gambadent dans le vaste champ de l'imagination; plus d'un roulera à terre, se fera des bosses et des noirs, mais les habiles développeront leurs grâces naturelles ou leur puissante originalité. — DE L'ASSOCIATION DANS LES TRA-VAUX D'ART. L'unité dans la décoration d'un monument est une qualité indispensable qu'il faut sauvegarder à tout prix; c'est une nécessité de force majeure à laquelle on sacrifiera tout, et les artistes eux-mêmes. Mais est-il nécessaire de les sacrifier, de blesser leur amour-propre, de détruire les plus nobles stimulants de l'ambition? Je ne le pense pas. — *Des écoles et des maîtres.* — *Historique des grandes œuvres.* — *Antiquité, moyen âge, renaissance, siècle de Louis XIV.* — *Avantages et abus.* — *L'association des artistes entre eux peut être féconde, mais elle ne se prescrit pas.* — *Deux talents s'associent quand deux caractères s'entendent.* — *Exemples nombreux pris dans l'histoire des arts.* — Joseph et Carle Vernet avaient projeté de peindre en-semble la vaste scène du passage de la mer Rouge. La mort eut peur de cette vie ranimée par deux talents réunis : Joseph avait terminé sa carrière avant que le tableau fût commencé. — *Talents associés de nos jours.* TRAVAUX D'ARCHITECTURE. L'État ne doit pas employer seulement ses élèves; mais comme il donnera aux plus habiles parmi eux les occasions de se produire, comme aussi il ne confiera l'exécution de ses monuments qu'aux architectes qui ont fait leurs preuves, il y a toutes chances pour l'artiste consciencieux qui aura préféré des études sérieuses et arides aux travaux faciles et lucratifs. — Aux grands architectes on donnera non pas seulement les monuments à exécuter, mais les moindres travaux d'utilité publique : il y a pour le goût public autant d'enseignement utile comme autant de fâcheuse influence dans une guérite, un poste de la ligne bien ou mal faits, que dans le plus

grand édifice. — *Un habile architecte fait grandement une petite construction :
un malhabile fait petitement un grand monument.* — On ne souffrira plus ou du
moins on entravera, par tous les moyens qu'un gouvernement possède, le
goût vulgaire et les prétentions ridicules des constructions que les compagnies de chemins de fer exécutent aujourd'hui sans contrôle. — *Avantages
accordés à celles qui s'attacheront des architectes de talent et de goût, au lieu
de laisser faire des ingénieurs incapables et dépourvus de tout sentiment de l'art.* —
*Influence bienfaisante qu'auraient de bons modèles d'architecture mis ainsi sous
les yeux de la France entière dans ces gares de voyageurs, où l'attente aiguise
l'observation et fixe les objets dans la mémoire.* — *Des architectes.* — *Lacunes de
leur éducation.* — *Les habituer aux devis précis, aux comptes exacts, à l'exécution consciencieuse.* — *Les architectes vivant davantage dans le monde pour être
mieux dans l'intimité de leurs clients et connaître leurs goûts et leurs besoins.* —
Des architectes tapissiers. DU CORPS DES ARCHITECTES. *Suppression de l'ancienne
Académie royale d'architecture.* — *Position actuelle des architectes entre les ingénieurs et les entrepreneurs maçons.* — Sur 350 maisons construites en moyenne
chaque année à Paris, 60 sont l'œuvre d'architectes consommés dans leur art,
et 290 la besogne courante d'entrepreneurs maçons et d'ingénieurs qui ont
fait des études incomplètes. — *Le remède.* — *Éducation du public.* — Donnez
aux maçons un meilleur enseignement, et n'accordez aux ingénieurs leur
diplôme qu'après des examens sérieux, dans lesquels ils prouveront qu'ils
savent de l'architecture plus qu'on n'en apprend en trente leçons. — *Affreuse architecture urbaine de ces cinquante années.* — *Mal fait à nos monuments par les ingénieurs.* — *Le pont Neuf à Paris.* — *Autres exemples déses-
pérants.* — DU DIPLÔME IMPOSÉ AUX ARCHITECTES. La raison sérieuse pour
demander le diplôme est la sécurité des citoyens; mais il est facile de prouver, en premier lieu, que les entrepreneurs maçons et les ingénieurs qui
manquent de talent et de goût sont des constructeurs aussi bons, sinon meilleurs, que le plus grand nombre de nos architectes; en second lieu, que
des commissaires-voyers sont institués pour sauvegarder cet intérêt. Le style
et le goût, compromis par les entrepreneurs maçons et par les ingénieurs,
est un autre argument en faveur du diplôme; mais il est évident que, le goût
public une fois réformé, il réformera lui-même ces mauvais ouvriers. — A
ce compte, on devrait imposer le diplôme aux peintres et aux sculpteurs pour
s'assurer contre les laids tableaux et les vilaines sculptures; j'aime mieux
m'en remettre au goût public désormais épuré, et qui empêchera de construire une désagréable maison, comme il s'offense quand on expose en public
une peinture immorale. — Prendre garde, sous prétexte de diplôme, d'anéantir
à la fois les inspirations libres des artistes et les derniers droits de la propriété; la loi d'expropriation qui abat notre maison est déjà bien assez
arbitraire sans qu'une autre loi nous impose l'architecte qui la reconstruira.
— *L'architecture restera une carrière libérale et ne se courbera pas sous l'escla-
vage du diplôme.* — L'enseignement nouveau de l'École des beaux-arts,
embrassant tous les arts dans leur puissante association, nous réserve peut-

être un grand peintre ou un grand sculpteur pour notre plus éminent architecte ; ne coupons pas les ailes de l'avenir.—*La position est différente pour
les architectes de province.—Ils sont en rivalité avec des agents-voyers ignorants,
avec des ingénieurs dépourvus de goût, et les conseils municipaux donnent la
préférence à ceux-ci. — Instituer un diplôme qui sera délivré aux élèves à leur
sortie des écoles, et n'autoriser aucune construction entreprise aux frais de l'État,
des départements et des communes, si elle n'est pas confiée à un architecte muni
de ce titre.— Former des commissions qui délivreront le même diplôme à tous ceux
qui, en dehors des écoles publiques, rempliront les conditions des mêmes examens.
— Du reste, liberté pour tous de faire de l'architecture uniquement avec du goût,
du talent et même avec du génie. — Sculpture. C'est le grand art, l'art vivant.
— Causes qui l'ont énervé au point que des gens le croient mort. — L'habitude
des artistes de travailler sans but et de créer sans destination arrêtée pour leurs
œuvres leur a ravi le sentiment des proportions et des convenances. — Des
œuvres de la statuaire aux grandes époques. — De nos médailles et de leur inf ério-
rité. — Des pierres gravées. — Des matières. — La statuaire d'un grand pays,
d'une belle capitale, doit proscrire les matières qui n'offrent pas les conditions
de durée et qui ne gagnent pas en beauté avec le temps. — De la fonte qui
rougit, de la pierre qui verdit, des compositions qui se délitent. — Les belles
matières sont le bronze et le marbre, à la condition de bien allier l'un, de bien
choisir l'autre. — Peinture. Sa grande mission populaire à toutes les époques.
Afin qu'elle réponde aux grands sacrifices faits pour l'enseignement général,
on entourera les artistes de toutes les facilités qui élèvent d'autant plus le talent
qu'il est moins enchaîné à terre. — Ressources offertes par les collections
de l'État. — Musées d'objets d'art. — Bibliothèques d'ouvrages à figures et
de livres historiques. — Musée de costumes à l'Opéra. — Le bon et le mauvais de ces arsenaux.* Des modèles. J'ai dit comment la Grèce accourait aux
jeux d'Olympie pour voir les plus beaux athlètes, comment, dans son enthousiasme, elle demandait leurs statues à ses sculpteurs les plus renommés ; j'ai dit comment la beauté était un culte dans la contrée où il était
le plus facile de la rencontrer. Je ne sais quand l'enthousiasme pour l'art
remontera au degré où l'avaient porté les habitants de Crotone ou d'Héra-
clée, lorsqu'ils ordonnèrent, par un décret public, aux cinq plus belles
vierges de la ville de poser pour la figure d'Hélène devant le peintre Zeuxis.
Pouvons-nous espérer revoir cette passion ? Devons-nous le désirer ? Sans
examiner cette question, reportons notre attention sur l'importance des modèles, question vitale pour l'avenir de notre école. Une des misères de l'art à
Paris est dans l'absence de bons modèles, ou, ce qui est pis, dans l'espèce de
modèles qui pose devant les artistes. Les hommes sont hideux et les femmes
abjectes : ceux-là quittent les loges de portier et des ateliers de cordonniers
pour poser en Achilles ; celles-ci ne laissent que trop percer le métier qu'elles
font dans les attitudes qu'elles fournissent aux artistes, dans les inspirations
comme dans les distractions qu'elles leur donnent. Aux uns et aux autres
manquent la distinction native, l'aisance naturelle ; ils les remplacent par

l'élégance du bal Mabille et la hardiesse de poses affectées. Si la race israélite apporte aux ateliers des formes moins dégradées et un type plus caractérisé, ces formes sont grêles, ce type est juif, et ces modèles jettent sur toute l'école un ton monotone auquel il faut la soustraire. Au reste, quels qu'ils soient, tous ces modèles de métier, ne faisant de la pose qu'un accessoire de leur vie vulgaire ou désordonnée, apportent à l'atelier de l'artiste le laisser-aller et l'indifférence; il y a absence complète de communauté entre eux et l'œuvre à laquelle ils prennent part. Loin de moi l'idée de moraliser la classe des modèles, de tenter même sa réforme, c'est du ressort de la préfecture de police; mais j'ai à cœur la régénération de l'art, et malheureusement celle-là dépend en partie des modèles que nos artistes ont sous les yeux. On peut faire des phrases sur l'idéal, échafauder des systèmes sur l'alliance de l'inspiration et de l'étude de la nature : tout cela n'avance pas beaucoup la besogne, et, quand on a tenu un pinceau ou un ébauchoir, on sait qu'il faut revenir aux pratiques matérielles et aux instruments du métier; or, le modèle est un de ces instruments, et les productions de notre école prouvent assez qu'il est mauvais. Perfectionnons-le donc. Si nos élèves de Rome et d'Athènes, si nos élèves voyageurs, travaillant dans les succursales de Damas et de Bagdad, trouvent en surabondance les occasions de former leur goût au contact des belles races, à la vue et dans l'étude des mouvements libres et des poses naturelles de peuplades qui semblent n'avoir conservé de leur antique origine que cet héritage de noblesse qu'elles se transmettent sans avoir la conscience de sa valeur, nos jeunes artistes, revenus à Paris, sentent d'autant plus vivement la privation de ces ressources. En même temps, tous les artistes qui, sans avoir obtenu les grands prix, cultivent les arts avec succès, luttent contre des difficultés insurmontables et infligent à leurs œuvres les stigmates de ressemblances trop connues. L'État doit suppléer à ce grave déficit, et voici comment il serait possible d'organiser ce service. Le directeur de l'école de Rome embaucherait une dizaine d'Italiens, hommes et femmes, moyennant 1500 francs d'appointements, avec obligation de poser quatre fois par semaine, matin et soir, dans les écoles du Gouvernement ou chez les maîtres dont le professorat se montrerait digne de cet encouragement. Comme ces étrangers conserveraient pour eux, c'est-à-dire pour les artistes, le reste de leur temps, il leur serait facile de gagner 3,000 francs par an, perspective séduisante pour quitter sans difficulté le pays, surtout quand on ajoutera à ces avantages le voyage gratuit à l'aller et au retour. Je ne voudrais pas qu'on engageât ces modèles pour plus de trois années, parce qu'au bout de ce temps l'influence parisienne a pris le dessus sur les habitudes primitives; mais, tandis que la moitié d'entre eux, s'étant faits à la vie de Paris, renonceront à revoir leur patrie et continueront, bien que dégénérés, à être pour les artistes des modèles infiniment supérieurs à ceux qu'ils ont maintenant, le Gouvernement renouvellerait continuellement les siens et ne les demanderait pas seulement à l'Italie; ses directeurs à Athènes, ses élèves voyageurs et ses consuls en Orient, ses gouverneurs en Algérie, ses agents diplomatiques aux Indes, en Espagne, en Autriche, ses préfets dans les Pyrénées et en Bretagne, seraient chargés de faire des recherches et d'envoyer à Paris quelques-uns de ces types à fleur de coins des nationalités les plus belles, et cette population nouvelle de modèles, choisis non pas au point de vue de l'étude des races, qui est un tout autre ordre d'intérêt et d'étude, mais uniquement d'après la beauté des traits, l'élégance des formes, la régularité des proportions; cette population, dis-je, sera l'un des éléments les plus curieux, les plus attrayants, les plus féconds, de l'art moderne. — *Les mannequins Le Blond.* — *Genre de perfection dont ils sont susceptibles.* — *Réduction des prix.* — Il ne faut pas plus chercher son idée dans son écritoire que sa composition d'après son modèle; il faut l'avoir créée dans sa tête avant de la jeter sur le papier. Toutefois un modèle d'une nature élégante, aux attitudes naturellement souples et gracieuses, aux poses toujours distinguées, peut aider l'artiste à trouver mieux qu'il n'avait rêvé. Poser le modèle, c'est scabreux; mais lui expliquer la pose qu'on désire pour exprimer la situation que l'on cherche, la lui laisser prendre de manière à ce qu'il y trouve l'aisance, cette mère de toute grâce et de tout naturel, c'est une des ressources de l'atelier. — Du MATÉRIEL DES ARTS. *La peinture à l'huile.* — *Son histoire.* — *Les Van Eyck n'ont rien inventé, mais ils ont perfectionné la peinture à l'huile en même temps qu'ils peignaient merveilleusement.* — *De la préparation des couleurs aux* XVe *et* XVIe *siècles.* — *De leur altération aux* XVIIe *et* XVIIIe*, mais plus particulièrement au* XIXe*.* — *Assistance cherchée dans les ateliers des chimistes de la grande manufacture.* — DES MODES DE PEINTURE. Tous les procédés sont bons dans les mains d'un homme de talent, mais il en est qui grandissent l'homme et d'autres qui l'amoindrissent : ainsi la fresque, ainsi le pastel. — La fresque n'est pas seulement une peinture monumentale parce qu'elle résiste mieux que toute autre à l'influence de l'air; elle a ce caractère parce qu'elle exclut les perfections d'effet, de coloris et de détails auxquelles les artistes sacrifient ou au moins subordonnent le meilleur de leurs qualités. Quand il faut accuser des contours, on dessine; quand il faut colorer par masse, on est large; quand la simplicité des tons et l'impossibilité de revenir sur ses teintes obligent à renoncer à l'effet du trompe-l'œil et à traiter ses sujets par larges partis pris, la manière grandit, le dessin s'ennoblit, on presse sa pensée pour en exprimer l'âme, on est gagné par le grand style. La fresque est un mentor sévère qui nous avertit et ne nous passe rien; la peinture à l'œuf, à l'huile, à la cire et le pastel sont des complaisants qui encouragent toutes nos faiblesses, en nous aidant à les dissimuler. — *N'autoriser dans les monuments que des peintures traitées sur le mur même.* — *Défauts des peintures exécutées dans l'atelier et ensuite marouflées.* — *Des tableaux transformés en plafonds.* — *Du désordre des idées à cet égard.* — *Plafonds plafonnant s'associant à l'idée d'air et de ciel.* — *Peintures extérieures en lave et faïence émaillées.* — DES TRAVAUX. *Entretenir la grande peinture dans l'école et le goût du grand dans le public.* — *Continuation du musée de Versailles.* — *Continuation paisible, réfléchie, bien différente de la furia, peut-être*

obligée, qui a présidé à l'exécution de sa première partie. — Caractère qui con-
vient à la seconde partie, consacrée aux gloires pacifiques, à l'histoire civile,
aux actes mémorables des grands citoyens. La France n'est pas seulement une
retentissante caserne, elle a exercé son influence sur d'autres terrains que
sur les champs de bataille; ses vertus, ses grandes actions, ses actes de dévouement, pour n'être pas tous éclairés par l'éclat de la poudre, n'en sont
pas moins brillants et dignes d'être représentés, n'en sont pas moins favorables à l'art qui les représentera. — Chaque monument de Paris aura son
caractère particulier de peinture. — Les nouvelles galeries des musées du
Louvre et du Luxembourg appellent l'antiquité dans sa poésie; le cloître des
Invalides, les manéges et les grandes salles d'exercice des casernes se tiendront au courant de l'histoire militaire, et la suivront au jour le jour; la
salle des Pas Perdus et les galeries du Palais de Justice montreront avec
orgueil les vertus sévères de la magistrature; les galeries du musée d'histoire
naturelle développeront les merveilles de la création; les salles des hôpitaux,
si tristes, si monotones, offriront aux malades et aux mourants les scènes
consolantes de la religion; les églises se prêtent au développement de la
pensée religieuse; la galerie des Tuileries sur le bord de l'eau et les
grandes gares des chemins de fer, les foyers, plafonds et rideaux des théâtres,
feront lire les grandes pages de l'histoire nationale et populaire. Voilà les
espaces et le livre ouverts au talent. Aussi, quand un grand artiste viendra
vous dire : Telle page m'inspire; répondez : Faites, et laissez faire, car s'il est
une chance d'obtenir une œuvre vraiment spontanée et vivante, c'est à ce
mode de liberté que vous la devrez; autrement vous aurez de la peinture
officielle, un moniteur en images. Il en est du génie dans les arts comme
de l'esprit dans le monde: annoncez à vos convives un homme d'esprit, il
se taira; à vous la faute, vous lui avez commandé d'avoir de l'esprit. Par
cette même raison vous laisserez aux artistes la liberté de renoncer à tel
sujet choisi par eux et d'en prendre un autre; l'imagination est capricieuse;
l'homme de génie en souffre plus que ceux qui s'en plaignent. — *De la pein-*
ture topographique des batailles. — Ce genre exact doit être encouragé pour laisser
les artistes faire de l'art à propos de batailles. — Un secours du même genre
sera donné aux peintres qui représentent les faits de la vie civile. On leur
demandera d'associer la réalité des attitudes et la vérité des costumes à
l'allégorie qui ouvre au-dessus du prosaïque comme un coin de ciel poétique. L'erreur de David et de son école a été de copier l'antiquité au lieu
de chercher à la comprendre, de la faire entrer violemment dans les sujets
modernes au lieu de la leur associer, là où ils comportent le rapprochement.
La gravure du *Serment du jeu de paume* ne se comprend qu'en voyant le
tableau esquissé. On était étonné de ces gestes étranges, de ces poses inso-
lites, de ces allures d'athlètes, inconciliables avec des costumes étriqués,
des têtes poudrées et des jambes en culottes; mais en découvrant dans l'esquisse du tableau les modèles nus qui ont posé au lieu des représentants des
trois ordres, on s'explique comment leurs têtes ressemblantes sont placées

sur des corps qui ne pouvaient leur ressembler. LE CHOIX DES ARTISTES. Un général d'armée choisit pour chaque expédition les bataillons qui conviennent le mieux aux difficultés de l'entreprise, de même vous distribuerez les travaux suivant les aptitudes. S'agit-il des grandes pages populaires peintes en plein air sur la voie publique, vous appellerez à vous les hommes que leur talent porte à la largeur et à une certaine prestesse d'exécution; vous vous adresserez à ces fortes imaginations qui rêvent les vastes emplacements et font craquer les plus grands cadres en débordant sur les limites de la toile. Quelles mains pour couvrir les immenses espaces que celles de Vernet, de Delacroix, de Laemlein, de Janet-Lange, d'Yvon? Je voudrais qu'on continuât la rue de Rivoli rien que pour fournir à ces hommes l'occasion magnifique d'enseigner l'histoire de France aux passants, depuis le ministère de la marine jusqu'à la barrière du Trône. — Telle imagination procède par enjambées, telle autre se replie sur elle-même; sachez contenir les unes et obliger les autres à s'épandre. Orsel, Perrin, Tyr et toute une génération nouvelle de jeunes peintres convaincus sont délaissés par l'Administration, « parce qu'on n'en obtient rien. » En effet, des artistes de cette nature ne peuvent se faire aux exigences expéditives du jour : je les en félicite. Donnez-leur du temps, n'échafaudez les chapelles que lorsqu'ils seront prêts à peindre sur place. C'est la pensée qui est lente à prendre sa forme, parce qu'elle lutte avec un idéal difficile à atteindre et mille scrupules qui empêchent ces artistes de se satisfaire; mais une fois la pensée conçue et la forme arrêtée, leur exécution est aussi rapide que celle d'aucun autre. — La peinture officielle des portraits du chef de l'État ne saurait être omise dans ce tableau des influences qui agissent sur le goût public. Depuis Louis XIV, la peinture et la sculpture ont répété le portrait du souverain dans son caractère officiel, en même temps que le balancier de la Monnaie frappait l'effigie royale; mais comme, au temps du grand roi, les artistes les plus renommés étaient chargés de peindre et de modeler l'original d'après nature ; comme aussi on n'en confiait la reproduction qu'à d'autres artistes de mérite; comme enfin le plus habile graveur était chargé de reproduire ces ouvrages par le burin, les portraits officiels furent, sous ce règne, très-satisfaisants, et ils n'ont pas peu contribué à donner, tant aux contemporains qu'à la postérité, une grande idée de la majesté royale. La peinture et la sculpture officielles furent plus lâchées sous Louis XV, et on peut suivre leur décadence en continuant l'examen des effigies royales jusqu'aux incroyables badigeonnages, jusqu'aux fabuleux bonshommes envoyés sous le titre de portraits du roi Louis-Philippe aux ministères, ambassades et préfectures. — *Alexandre ne voulait être peint que par Apelle.* — *Les papes et les princes à l'époque de la Renaissance.* — *François Ier et les Valois.* — *Henri III ne laisse passer ses portraits qu'approuvés par François Clouet.* — *Réforme nécessaire.* — *Intérêt pour le chef de l'État, intérêt pour l'art.* LA GRAVURE ET LA PHOTOGRAPHIE. *Leur action de propagande.* — *Encouragements donnés libéralement à la gravure dans les siècles précédents.* — *La chalcographie du Louvre.*

— Le prix de Rome. — Les commandes. — Rivalité de la photographie. — Progrès de cet art. — Son importance immense. — Son influence excellente. — Son utilité pour remplacer les médiocrités en tous genres par des chefs-d'œuvre, sans faire tort aux chefs-d'œuvre de l'art. — La photographie a donné des leçons à tout le monde, aux artistes et au public, et ce ne sont pas les artistes qui en profitent le moins. C'est à la photographie que les arts devront de rentrer dans les hautes régions de la pensée, leur vrai domaine. Quand on fera dès la première séance d'apprentissage ou quand on achètera pour quelques sous des imitations inimitables de toutes les scènes de la nature, les gens habiles, qui avaient du penchant pour le réalisme, renonceront à lutter avec la machine; ils ne lutteront plus qu'avec l'idéal. — Les procédés de la photographie sont imparfaits, ils se perfectionneront; on trouvera le moyen de transporter les épreuves sur pierre et sur métal, et ces dessins merveilleux, imprimés par les procédés ordinaires de la lithographie et de la gravure, n'étant grevés ni de droits d'auteur ni de frais de gravure, seront donnés pour presque rien et répandus dans toutes les mains. Allant au-devant de cet avenir prochain, on demandera aux grands interprètes des vieux maîtres, à Henriquel Dupont, à Calamatta, à Mercuri, à d'autres buristes bien connus, non plus d'excellentes gravures qu'ils creusent péniblement dans le cuivre avec leurs outils d'acier (dix années de fers pour chaque gravure), mais d'admirables dessins d'après les chefs-d'œuvre des plus célèbres galeries; dessins aussi finis, aussi brillants, aussi harmonieux que leurs gravures, mais qu'ils mettront deux ou trois mois à faire en compagnie de la fraîcheur de l'inspiration. Ces dessins seront photographiés, transportés sur cuivre ou sur pierre et donnés pour un prix modique à des milliers d'amateurs, heureux de posséder ainsi cinquante Henriquel Dupont au lieu d'un, cinquante dessins qui auront toutes les qualités éminentes de ses gravures, et, en plus, des qualités d'initiative personnelle qui percent dans la liberté de la touche, en nous délivrant des pauvretés, des minuties de pointillé, des résilles de hachures et des difficultés mesquinement vaincues, autant de défauts inhérents à la gravure. Vous voulez donc tuer cet art admirable? Non pas, je demande seulement grâce pour quelques hommes supérieurs. — La gravure à l'eau-forte et la lithographie sont une utile propagande quand elles sont l'expression animée et spirituelle de la pensée, et elles n'ont pas besoin d'encouragement quand elles sont traitées par des peintres de talent; cependant, d'honorables distinctions doivent s'associer aux applaudissements des amateurs. LA MUSIQUE. *Son développement et son avenir.* LES THÉÂTRES ET LA LITTÉRATURE. *Moyens d'associer leur prospérité à celle des arts.* L'INDUSTRIE. *Formes diverses, générales et particulières pour lui distribuer des encouragements.* EXPOSITIONS PERMANENTES, PÉRIODIQUES, UNIVERSELLES. Elles donnent aux artistes l'occasion de se produire, au public le moyen de comparer, à l'État un contrôle de l'opinion et le diapason des progrès. EXPOSITION PERMANENTE. L'inconvénient de tous les modes d'exposition est, pour le jeune artiste, d'exciter le désir naturel qui le pousse à se produire avant sa ma-

turité, et pour les talents faits, pour les artistes supérieurs, de compro-
mettre leur œuvre au milieu d'un fouillis d'œuvres disparates, sous les
yeux de spectateurs distraits; mais ces inconvénients, inhérents à la chose,
sont la chose même. — La permanence d'une exposition me semble utile,
non pas par la raison qui fait qu'on la demande, qui fait qu'on l'accordera
un jour, raison mercantile, mais par des motifs supérieurs. — Ne craignant
rien de l'éclosion incessante et indéfinie des artistes, je sais cependant
quelle foule de précautions et de soins, quelle charge elle impose, non
pas charge d'âmes, mais charge de prétentions impuissantes, de luttes
désespérées, malheurs passagers, il est vrai, et qu'on prend en patience,
si l'on songe au refuge qu'offre l'industrie aux blessés des beaux-arts. —
Doué de quelque facilité qu'il prend pour du talent, un jeune homme veut
devenir artiste et il lutte avec les difficultés de l'art, ne pensant qu'à la difficulté de se produire, de se faire connaître, si bien qu'il croit n'avoir affaire,
pour réussir, qu'à un seul obstacle : la publicité. Rendez facile cette publicité. Ouvrez des salles d'exposition permanente pour les ouvrages nouveaux ;
que chacun ait le droit d'exposer pendant deux mois ce qu'il a peint, dessiné,
gravé ou sculpté, et quand, sans bourse délier, l'élève aura montré au public, dans les belles salles du Louvre, ce qu'il sait faire, si les tableaux et
les statues lui sont renvoyés faute d'acheteur, il ne s'en prendra qu'à lui-
même, la leçon sera complète, et d'un médiocre artiste mourant de faim
vous aurez fait un excellent ouvrier à 20 francs par jour. Les marchands de
tableaux, de statues et d'objets d'art modernes, ceux qui font consciencieusement leur métier, n'ont rien à craindre de l'exposition permanente, car
les peintres et les sculpteurs dont les ouvrages se vendent couramment
chez ces marchands verront bientôt qu'il leur manque au Louvre un intermédiaire intéressé à prôner leur talent, à mettre leur œuvre dans le meilleur
jour et leur réputation sur le plus haut piédestal; ils verront bientôt que
leurs petits tableaux, confondus et compromis au milieu de mille tableaux,
sans un interprète, sans un protecteur, n'a aucune chance d'être remarqué
par l'amateur craintif, indécis, soupçonneux et incapable de se former une
opinion par lui-même, qu'il a même la mauvaise chance d'être fâcheusement
commenté par quelque critique autorisé; alors ils déserteront l'exposition
permanente, qui restera l'utile refuge des débutants, dont le nom est pour
le marchand une signature sans valeur, des talents consciencieux qui cherchent leur chemin dans le dédale des voies tracées, et enfin des artistes sérieux qui dédaignent les succès faciles et poursuivent l'idéal dans les sujets
poétiques ou religieux et dans l'histoire. EXPOSITION PÉRIODIQUE. Tous les
deux ans les artistes seront convoqués à une exposition de leurs œuvres, et
l'hospitalité la plus accueillante sera, comme par le passé, accordée aux
étrangers. Je suppose dans le Louvre, terminé d'après le plan proposé par
MM. Trélat et Visconti, les expositions se faisant dans une magnifique
salle parallèle à la galerie des tableaux anciens, et en communication facile
avec elle. Je vois alors le public des amateurs, et les artistes eux-mêmes,

allant d'un tableau d'Ingres à un tableau de Raphaël, de l'*Orgie romaine* de Couture aux *Noces de Cana* de Paul Véronèse, de l'*Entrée de Trajan* d'Eugène Delacroix à la galerie de Médicis de Rubens. Croit-on que le public et les artistes ne trouvent pas là le vrai critérium, la saine comparaison, un obstacle salutaire aux engouements insensés, un stimulant puissant aux efforts généreux? Est-il à craindre que cette comparaison serve l'envie, jalouse des succès contemporains, heureuse de tout ce qui déprime et décourage? Ce serait mal connaître le vrai talent que de croire qu'on l'abat ainsi; bien au contraire, en face d'une critique loyale il trouvera de nouvelles forces pour la lutte, et, quant à la médiocrité, bien habile celui qui la découragera. Non, cette comparaison sera salutaire pour tous, pour les hommes de talent qui marchent dans la bonne voie et auxquels elle montrera le vrai but, pour les hommes de talent envahis par le mauvais goût et auxquels elle signalera l'écueil, pour le public enfin qui aura toujours à sa disposition, et pour ainsi dire sous la main, la vraie base de la saine critique. Le choix même du local indique que l'exposition sera très-restreinte. Avec une exposition permanente pour le commerce des tableaux, on peut n'avoir en vue, dans les expositions périodiques, que les progrès sérieux de l'école, son honneur et la gloire du pays. Exposition universelle. Tous les cinq ans il y aura une exposition française des arts et de l'industrie; tous les dix ans, une exposition universelle. Dans ces solennités, et surtout dans la seconde, les arts seront associés à leur sœur l'industrie, et nous espérons voir se développer chaque jour davantage le rapprochement fraternel des arts entre eux et des nations entre elles. — *Classification nouvelle.* — *Distribution sur un plan différent.* — *Exposition de l'horticulture et des animaux, combinée avec les productions des arts et de l'industrie.* — *Intervention de la musique et de la littérature.* Du jury. Toutes assises réclament de la justice la même protection. — On veut être jugé par ses pairs, être jugé publiquement. — Condamner un artiste à l'exil ou proscrire son œuvre est tout aussi grave aux yeux de ceux qui connaissent la susceptibilité du génie. — Dans l'impossibilité de réunir tous les artistes sur la place Louis XV, et de faire défiler devant eux plusieurs milliers d'œuvres d'art pour qu'ils décident entre eux et en commun de l'admission ou du rejet, il faut un jury. D'un autre côté, une exposition publique n'est ni un bazar de marchandises ni le tour des enfants abandonnés sans nom; c'est le complément de l'éducation des artistes et un ressort puissant pour le maintien du goût public. Il est donc bon que les professeurs de l'École et la classe des beaux-arts de l'Institut suivent, dans les expositions, les tendances des élèves et y maintiennent l'autorité de leurs principes, les y maintiennent toutefois sans pouvoir être excessifs dans leurs prédilections, abusifs dans leurs exclusions. Ce sont, par conséquent, deux éléments à combiner : la participation des artistes aux opérations du jury par voie d'élection, et le corps enseignant siégeant de droit; un nombre de voix égal accordé aux deux influences. — La publicité des opérations, garantie par un jury de

184 membres; ce chiffre se décomposant ainsi : 60 membres titulaires de l'Institut, 20 membres honoraires, 12 professeurs de l'École, 92 jurés élus par les exposants. — Le président ayant voix prépondérante. — Un seul jury pour toutes les opérations, car il importe de maintenir l'unité de vue dans toutes les décisions. — Les galeries d'exposition donnant un espace limité, on procédera par admission et rejet sur l'ensemble des œuvres d'art présentées; puis, dans une révision de celles qui auront été admises, on comptera les voix d'admission pour chaque œuvre, et, suivant que l'espace le permettra, l'Administration placera tableaux, statues et dessins, en suivant l'ordre d'admission. A la suite du catalogue sera publiée la liste des ouvrages admis et non placés : c'est une satisfaction donnée aux artistes qui ont approché du but, et en même temps un procès-verbal des opérations du jury. Tout doit être public dans ces graves assises; on écartera ainsi ce qui sent le conciliabule, le mystère et la coterie. — *Difficultés matérielles de ces votes par boules, vaincues dans notre assemblée législative. — L'obligation d'un rejet brutal fausse l'esprit de justice, l'admission conditionnelle permet l'impartialité. — Combinaisons différentes essayées. — Autres combinaisons proposées. — Leurs inconvénients. — Les membres du jury auront droit d'exposer deux ouvrages; ils soumettront les autres au jury. — Une commission, prise dans le jury, surveillera le placement. — Le jury d'admission, à l'exception des membres exposants, sera chargé de décerner les récompenses, l'une des opérations étant la conséquence de l'autre.* Les expositions de l'industrie ont leur jury d'hommes spéciaux pour toutes les questions de pratique, mais les œuvres de l'industrie ressortissent au jury des beaux-arts quand leur perfection les fait entrer dans ce domaine. — On s'est habitué depuis longtemps à juger les expositions des arts sans laisser trace des motifs qui ont dirigé les juges, et il s'est trouvé ainsi que les artistes, de tous les producteurs les plus intéressés à recevoir la direction de l'expérience, à connaître les règles qu'observent des juges compétents et qu'ils suivent dans leurs décisions, n'ont eu du jugement que l'arrêt sans connaître les considérants ni les motifs. — De même que la marche de l'industrie est signalée dans un rapport imprimé, de même aussi les tendances heureuses de l'École, ses déviations coupables, devront être consignées dans l'introduction du rapport qui proclamera les récompenses. C'est une occasion naturelle pour le Gouvernement, et pour le ministre qui dirige plus spécialement les beaux-arts, de motiver son action, de justifier ses mesures, de jeter le blâme, d'accorder les éloges, de donner en un mot une signification à ces rencontres d'œuvres, à ce concours d'hommes de talent. C'est délicat et difficile, sans doute; mais une voix, que je suppose autorisée par l'expérience et l'érudition, est toujours avidement écoutée et sérieusement étudiée, quand elle porte avec elle l'initiative de toute protection. SOCIÉTÉS DES ARTS ET DE L'INDUSTRIE. *Historique. — La société d'encouragement. Son origine. Ses travaux. Elle se complaît dans une somnolence qui l'empêche de s'apercevoir qu'elle compte dans le mouvement général du progrès moins par son activité présente que par son an-*

*cienne réputation, et il n'est pas sage de vivre trop longtemps sur ce fond. —
Ranimer cette institution. — Reviser ses statuts. — Renouveler ses commissions.
— Chercher une combinaison pour la fondre dans le Conservatoire des arts et métiers, tout en lui conservant son principe d'association indépendante. — Utilité des
associations des arts. — Leur immense développement en Allemagne et en Belgique.
— La société des arts de Paris, la plus ancienne en date, a perdu son influence:
la faire revivre. — Local spécial pour ses expositions. — Encouragements aux
associations formées en province.* — Les ériger, par grandes régions de la
France, en sociétés unies, de manière à répartir leurs expositions dans le
cours de l'année et à faire circuler dans chacune d'elles les œuvres d'art
qui n'ont pas trouvé leur placement. L'État confierait à ces agences régio-
nales ses meilleures acquisitions, et ne placerait au Luxembourg, ainsi que
dans les résidences, tableaux, statues, œuvres d'art et produits de l'industrie, qu'après leur avoir fait faire leur glorieux tour de France, au grand
profit du goût public. — Ayant en vue cette marche triomphale de leurs
œuvres, les artistes seront stimulés; et qu'on n'oppose pas la crainte des
accidents : la Transfiguration, le Laocoon et tant d'autres chefs-d'œuvre ont
voyagé de Rome à Paris et de Paris à Rome sans souffrir aucune altération.
LES INTERMÉDIAIRES DU COMMERCE. La facilité d'écouler les productions d'un
art facile est un inconvénient pour les caractères faibles et pour les con
victions hésitantes; c'est un avantage pour les caractères de forte trempe,
car, tandis qu'elle ôte à ceux-là le goût des études sérieuses, elle offre à
ceux-ci des ressources pécuniaires qui leur permettent de poursuivre les travaux sérieux, les projets de longue haleine. — *Nécessité des intermédiaires pour
sauvegarder la dignité de l'artiste et lui épargner des pertes de temps.* — Les
branches de l'industrie qui s'occupent des œuvres de l'intelligence deman-
deront désormais des gens intelligents et bien préparés à ces délicates tran
sactions. On ne verra plus des Auvergnats descendre de leurs montagnes et
accaparer, en dépit de leur grossièreté, le commerce des objets d'art; on
ne verra plus des commerçants, quoique parfaitement illettrés, se mettre
dans l'imprimerie ou trôner dans la librairie. Les artistes de talent qui
ont cessé de produire entreprendront le commerce des tableaux et objets
d'art, en même temps que des littérateurs émérites se mettront à la tête de
l'imprimerie et de la librairie. Déjà une amélioration est sensible dans le
commerce des objets d'art. Il manque encore à nos marchands le goût épuré
qui exercera une bonne influence sur les artistes et sur leur clientèle; il
manque surtout la passion, qui compatit aux insouciances financières de l'artiste, et l'honnêteté, qui ne spécule pas sur les misères du talent. Tout cela se
réformera avec le temps : nous aurons non-seulement des hommes de goût
parmi les marchands de tableaux, mais aussi des hommes de cœur. — L'industrie a, de son côté, ses intermédiaires, et il y aurait utilité à relever ce
corps dans l'estime publique et dans sa propre estime. — *Les maisons de commission et les commis-voyageurs.* — Les huit cents apôtres des arts et de l'industrie
parisienne vont au loin vanter notre supériorité en écoulant leurs produits, en

provoquant la demande, en étudiant les goûts, les tendances et les besoins. Sont-ils préparés à cette mission? N'y a-t-il pas une organisation à donner à ces utiles intermédiaires? — Études obligées. — Brevet de capacité. — Titre officiel. — Rentrés à Paris, ne pourrait-on pas leur donner un point de réunion, en facilitant l'ouverture d'un grand club du commerce où ils trouveraient, avec les avantages propres à ces établissements, une bibliothèque, des collections de modèles en tous genres, des assortiments industriels, des lectures sur l'économie politique, des cours d'histoire dans ses rapports avec les arts et avec l'industrie? — *Un certain ensemble s'établirait entre ces membres disséminés d'un même corps, notre influence s'en ressentirait au dehors, en même temps que les influences utiles du dehors réagiraient sur notre fabrique. — Des exportations de la France. — Système douanier. — Des prohibitions. — Primes d'exportation assurées à la perfection des produits qui empruntent aux arts leur principal mérite. — Les négociants qui propagent au loin le goût français méritent cet encouragement.* — MARQUE DE FABRIQUE, POINÇON DE GARANTIE; TIMBRE DES IMPRIMÉS. La marque de fabrique est pour chacun la responsabilité de ses œuvres, et pour la France en pays étranger une caution de son bon goût. — *Le poinçon de garantie. Son origine. — Le pour et le contre.* — On maintiendra la garantie. Qui dit bijouterie française dit, dans le monde entier, belle et bonne bijouterie. Pour ceux qui ne s'attachent qu'à l'apparence extérieure de nos modèles, faites des bijoux doublés ou en cuivre doré, et luttez ainsi loyalement contre une concurrence déloyale. — *Les timbres.* On n'appliquera pas aux objets d'orfévrerie ancienne de nouveaux timbres, aux journaux d'art et de littérature des timbres grossiers, aux livres destinés au colportage et aux voyageurs des timbres honteux qui les empêchent d'entrer dans toute honnête bibliothèque. — Les bonnes manières comme le bon goût s'étendent à tout : n'ayons en rien l'air d'un peuple de sauvages. — Quand le timbre est indispensable sur nos journaux ou sur nos livres, qu'il devienne un ornement. Un dessin d'Eug. Flandrin, gravé par Depaulis, et imprimé avec soin dans une place spécialement réservée, me semble plus digne du goût français que cette tache noire qui promène indifféremment sa marque graisseuse sur tout ce qu'elle rencontre, texte ou gravure. PROPRIÉTÉ DES ŒUVRES DE LA PENSÉE. LITTÉRATURE ET BEAUX-ARTS. *Histoire de cette nouvelle propriété. Elle a été inconnue à toutes les grandes époques de la civilisation.* — Digne fille de notre siècle, elle n'est pas née dans l'atelier d'un artiste, mais dans le cabinet d'un homme d'affaires : c'était une position à prendre. — Assimiler la propriété du génie sur ses œuvres à la propriété d'un paysan sur la récolte de son champ est une idée prosaïque qui n'avait encore traversé l'esprit de personne. L'artiste, qu'il soit poëte, peintre ou musicien, architecte, sculpteur ou mécanicien, a reçu du ciel son génie, dont vous faites une propriété; il ne l'a pas acquise, il n'en a pas hérité de son père, qui ne la possédait pas, et comment l'exploite-t-il? Au milieu des rêves de gloire les plus doux, dans une existence remplie d'illusions qui valent le bonheur, remplie aussi de luttes qui ne sont pas si pénibles, puisqu'elles restent dans les souvenirs du vieillard comme les plus heureux jours de la vie, il crée des chefs-d'œuvre. Il crée! Vous que le ciel a doués du génie, dites donc à ces gens d'affaires le bonheur qui s'attache à cette faculté émanée de Dieu, à cette puissance qui frappe du pied le néant et en fait jaillir la pensée réalisée. L'œuvre est créée, la foule admire et bat des mains, le nom de l'artiste passe de bouche en bouche, l'artiste lui-même est acclamé, porté en triomphe, salué avec étonnement et respect partout où il se présente, décoré à l'égal des guerriers qui ont donné leur sang à la patrie, élevé sur les chaises curules à côté des hommes que le peuple nomme ses bienfaiteurs, et, quand l'œuvre est ainsi magnifiquement rémunérée, vous voulez la comparer à la récolte du paysan, et permettre à l'artiste d'en disposer à son gré, au même titre que le paysan dispose de son blé; mais le malheureux cultivateur, quand il a arraché à la terre, au prix de ses sueurs, une récolte précaire, quand il l'a sauvée des atteintes de la grêle, de la pluie, des rats et des insectes, quand il l'a partagée avec le percepteur des impositions, qu'ajoutera-t-il à son gain? Rien au monde. C'est bien sa propriété, car c'est l'unique rémunération de son labeur; la moisson du génie est tout autre, et vous le savez bien. — Prenez-y garde, dirai-je aux artistes et aux poëtes, vous serez les premières victimes de votre mercantilisme. J'achète un tableau ou une partition, je fais faire une statue ou une maison, je souscris l'obligation de jouer sur la scène ou d'éditer, sous forme de volume, une œuvre littéraire : que l'auteur réfléchisse avant de conclure, car, puisque l'art est une marchandise, je ne veux pas qu'on me trompe sur la marchandise livrée; demain, je vous envoie un huissier, vous, le peintre, pour avoir mis dans un autre tableau un groupe de figures qui était dans le mien; vous, le musicien, pour avoir reproduit une mélodie qu'il est bien facile de retrouver dans ma partition, quelque soin que vous ayez mis à la dissimuler; vous, l'architecte, pour avoir placé dans l'entablement de mon voisin les ornements dont vous m'aviez vanté la nouveauté en décorant ma maison; vous, enfin, le sculpteur, qui savez ce que valent les idées, puisque vous en avez si peu, pour avoir donné à une autre statue la pose que vous m'avez vendue. Vous aurez beau prétendre que l'art est libre, qu'on ne peut enchaîner votre imagination, proscrire les réminiscences, assimiler des idées semblables qui diffèrent par le changement de la situation, j'établirai que vous tous vous m'avez trompé, et le tribunal vous condamnera comme des voleurs. — *La propriété intellectuelle est un fait admis. Son extension illimitée est abusive.* — *Combinaison d'une propriété intellectuelle avec facilité de rachat par l'État, après avis motivé du conseil d'État et pour cause d'utilité publique.* RÉCOMPENSES. *Comment les artistes ont été récompensés dans l'antiquité; — au moyen âge; — à l'époque de la Renaissance; — au siècle de Louis XIV.* — *L'artiste a besoin de la feuille de laurier: les uns la portent à la boutonnière, les autres devant leur nom, celui-ci la dore, celui-là la met dans son pot au feu; que tous puissent l'espérer, que les plus méritants l'obtiennent.* — *L'ordre de la Légion d'honneur associe les services civils aux services militaires, le talent de l'artiste à celui de l'administrateur et du général : c'est une grande pensée. — Une seule distinction honorifique ne suffit pas : en imaginer une autre qui l'égale sans l'amoindrir.* — On instituerait une croix du mérite à deux degrés : l'un, le second degré, sous forme de médaille; l'autre, le premier degré, sous forme de croix. La médaille serait donnée par le Gouvernement en nombre illimité aux artistes et aux industriels de tous les pays, soit directement, soit sur le rapport motivé des inspecteurs des beaux-arts, des agents diplomatiques et des consuls. La croix serait également distribuée par le Gouvernement, mais seulement jusqu'au nombre de deux cents. Ensuite, chaque extinction serait annoncée par la voie des journaux, et chaque porteur de la médaille déposerait à sa mairie, et en pays étranger chez l'agent français, un bulletin portant le nom de son candidat à la croix du mérite. L'espace de temps reconnu nécessaire pour parcourir les plus grandes distances étant écoulé, on proclamerait le résultat de ce concours universel. La croix du mérite ainsi obtenue par l'acclamation de plusieurs milliers de votants, représentant sur l'étendue du monde entier les juges compétents en matière d'art, serait certes la plus enviée des récompenses, et la seule qu'une femme pût honorablement accepter. Le ruban qui brille sur l'uniforme du soldat comme le signe de l'honneur serait trop souvent sur la robe de la femme la tache de son déshonneur; mais une faveur qu'on obtient de dix mille personnes dispersées dans le monde entier ne saurait effrayer la susceptibilité la plus ombrageuse, et honorerait aussi bien Rosa Bonheur qu'Horace Vernet. Si le caractère populaire de cette distinction en est le principal mérite, on cherchera dans ce même élément tout ce qui peut servir de stimulant pour nos artistes, tout ce qui peut rendre l'enthousiasme à nos populations et la vie à nos départements. — *Ovations faites aux grands artistes.* — *Récompenses votées par souscription.* — *Statues érigées par les villes aux artistes célèbres qui y sont nés.* — *L'État associera son concours moral aux manifestations publiques d'un sentiment généreux.* — C'est relever les arts et les artistes que de les prendre au sérieux jusque dans les jeux de leur imagination, jusque dans l'enfantillage de leurs enthousiasmes. On leur inspire une haute idée de leur mission, on leur donne l'ambition de bien faire en s'intéressant ou en paraissant s'intéresser à leurs projets, à leurs travaux. Mais où ils ont le plus besoin d'assistance, c'est dans leur vie privée. Comme tous les autres hommes, les artistes ont l'esprit et les tendances morales de leurs relations. L'instruction développée, les principes d'honneur et de moralité, les bonnes manières, sont le vrai cortége du talent. Ils font de la vie le miroir de l'art, ils mettent au même niveau la dignité du talent et la dignité de l'homme. — Dans les arts, comme dans les lettres, la vulgarité de la pensée produit la vulgarité du style. L'art est si chaste qu'il trahit lui-même ses intentions à première vue. Comme la jeune fille qui rougit sans le vouloir, l'art accuse ses mauvaises tendances en dépit de tout ce qu'il fait pour les dissimuler. Élevez vos pensées, maintenez votre cœur dans les hautes régions, comprenez toutes les passions nobles; autrement l'âne montrera les oreilles sous

la peau du lion, la lasciveté percera sous la grâce, l'obscène sous la passion.
L'histoire des peintres est remplie de ces exemples d'un art qui s'épure
quand la conduite se limpidifie, d'une pensée qui s'élève quand le corps se
redresse, du génie qui s'éveille quand les instincts et les passions d'en bas
sommeillent. — *État social des artistes en Grèce.* — Socrate, Platon, Aristote,
parcouraient les ateliers et jetaient dans l'âme des artistes les idées, les conseils, les critiques, selon que l'œuvre les comportait. Ces artistes vivaient
dans la palestre et sur les places publiques, en familiarité avec la classe la
plus distinguée. A l'époque de la Renaissance, ils furent traités avec des
prévenances au moins égales. Raphaël a dû l'élégance de ses types à une
noblesse native assistée d'une noblesse de relations sociales; Titien, Velas-
quez, Rubens, transmirent aux personnages de leurs tableaux une distinction
qu'ils avaient adoptée eux-mêmes, qu'ils s'étaient incorporée en vivant avec
les princes, les seigneurs et la haute société. Si j'ai placé au début de la
carrière et dans l'École des cours de littérature et d'histoire, on ne s'éton-
nera pas que je réserve aux artistes, pendant leur carrière active, les heureux
effets du contact avec les hommes d'élite dans tous les genres. Des allocations seront données comme frais de représentation aux secrétaires perpétuels de l'École et de l'Académie des beaux-arts à Paris, aux directeurs du
musée du Louvre, du musée de Cluny, des conservatoires de musique et
des arts et métiers, des archives générales, de nos grandes bibliothèques,
du muséum d'histoire naturelle, du théâtre Français et de l'Opéra. Les
hauts fonctionnaires qui dirigent ces établissements ou ces institutions
appelleraient autour d'eux les artistes de talent dans ces heures du soir où
ils ont besoin de repos et de distraction, et ils les mettraient en rapport avec
les hommes remarquables dans les lettres et les sciences, avec les hommes
les mieux placés dans la haute société, avec les fonctionnaires de tous rangs
et le monde officiel; les acteurs et les actrices, les chanteurs et les canta-
trices en renom, eux-mêmes invités, viendraient dans ces soirées réciter
les plus beaux passages de nos auteurs, chanter les plus délicieux morceaux
de leur répertoire; de temps à autre, un voyageur y ferait le récit de ses
aventures; un poëte, la confidence de ses inspirations; un esprit ingénieux,
la description de ses inventions. Les artistes étrangers se rencontreraient
avec les nôtres, tous ensemble avec les artistes amateurs, gens du monde,
dont les conseils ont du bon et qui servent d'intermédiaire avec les riches
amateurs. PREMIÈRE ET SECONDE ACADÉMIE DES BEAUX-ARTS. Cet accueil fait
à l'artiste dans le monde pendant la partie brillante et populaire de sa carrière nous conduit aux deux refuges offerts à sa vieillesse : dans l'un il
trouve la gloire, dans l'autre une douce sociabilité et un abri. — *La qua-
trième classe de l'Institut ou première Académie des beaux-arts. — Son histoire
depuis la Révolution. — Son influence modifiée. — Ses lacunes.* — Elle se
compose de 40 membres titulaires et de 10 membres libres. Ces chiffres ne
répondent pas à l'extension que les arts ont prise dans la vie civile, à l'importance qu'ils ont acquise dans la vie publique, à l'augmentation du nombre

des artistes, au fractionnement des différents genres. L'Académie des sciences compte 63 membres titulaires et 10 membres libres ; l'Académie des beaux-arts a le droit de prendre plus d'extension encore. — *Répartition des 60 membres de l'Académie des beaux-arts.* — 1re section. Peinture. 20 membres au lieu de 14. — *Motifs de cette augmentation.* — 2e section. Sculpture. 12 membres au lieu de 8. — *Motifs.* — 3e section. Architecture. 14 membres au lieu de 8. — *Motifs.* — 4e section. Musique. 8 membres au lieu de 6. — *Les deux nouveaux membres choisis parmi les grands facteurs d'instruments et parmi les musiciens érudits et archéologues.* — *Motifs.* — *Académiciens amateurs.* — 20 membres libres au lieu de 10. — *Motifs.* — Deux secrétaires perpétuels : l'un représentant l'art vivant et militant ; l'autre, les traditions et l'érudition ; l'un comprenant dans ses attributions l'enseignement des arts et la direction de l'École, l'autre ayant sous sa direction les travaux d'érudition. — Alors le dictionnaire des beaux-arts ne restera plus un mythe, et d'autres ouvrages sur les arts émaneront de la compagnie qui a été instituée pour les produire et qui est composée des meilleurs éléments pour leur donner l'autorité. — *La chapelle du collége Mazarin rendue au culte.* — *Une nouvelle salle des séances dix fois plus grande.* — *La séance de la distribution des prix se tiendra en face des ouvrages qui les ont remportés.* — *La première Académie des beaux-arts est l'asile glorieux des grands talents.* — SECONDE ACADÉMIE DES BEAUX-ARTS. J'ai montré comment l'ancienne Académie royale de peinture et de sculpture s'était formée d'un compromis avec l'ancienne maîtrise, et conservait de la vieille institution des métiers un élément libéral et un excellent esprit de camaraderie. Après sa destruction par le haineux David, après un interrègne, la nouvelle Académie des beaux-arts a été composée en changeant radicalement le vieux règlement et en faussant le bon esprit de la confrérie. Les 40 académiciens sont désormais sans lien et en hostilité permanente avec le corps entier des artistes. La réputation des talents les moins contestés en souffre, leur influence y perd, leur enseignement est lui-même mis en suspicion. C'est que l'Académie des beaux-arts est trop isolée. Au lieu d'être le sommet d'une suite de degrés, c'est une forteresse que l'on regarde avec révolte et qu'on attaque pour en forcer l'entrée. Faisons-en un noble asile, et qu'on y accède, comme à l'Acropole d'Athènes, par un escalier large, majestueux, facile. Trouver un moyen de renouer le lien de camaraderie et de rétablir l'harmonie des bons sentiments. — Les médecins et chirurgiens ont leur classe à l'Institut et leur académie particulière ; les artistes useront du même droit. — *Création d'une seconde Académie des beaux-arts.* — *Composition, but et moyens d'action.* — Cette seconde académie serait en même temps une réunion sociale et une association fraternelle.— Les membres de l'Institut y entreraient de droit et se partageraient la moitié des places du conseil d'administration, qui serait l'équivalent du corps des officiers de l'ancienne académie ; l'autre moitié élue par les sociétaires. J'entrevois déjà dans ce rapprochement et dans les contacts fréquents qu'il produira une influence utile. Les femmes artistes, les amateurs et les artistes engagés dans l'industrie pourront être nommés membres de cette seconde académie, en fournissant, comme les autres membres, deux patrons garants de leur talent, et une œuvre d'art qui restera la propriété de l'Académie et formera son musée. — *La bibliothèque.* — *L'amphithéâtre des études.* — *Les salles des cours et lectures.* — *Les vastes salons pour les réunions.* — *La galerie des tableaux et statues.* — Cette seconde académie sera en outre une association charitable. Tout concourt à embellir la jeunesse de l'artiste, tout conspire contre sa vieillesse : au début de la vie, les rêves de l'ambition, l'amour de l'art et les distractions de l'étude; dans l'âge mûr, la fièvre de la production, les succès de l'amour-propre, la gloire même, qu'elle se traduise par des couronnes ou par des croix, par le murmure des journaux et de la foule ou par les attentions flatteuses du grand monde. Arrivent la vieillesse, la débilité, l'impuissance, les infirmités, et toutes ces charmantes illusions s'envolent comme autant d'oiseaux de passage qui partent à l'approche de la mauvaise saison; tout fuit, et l'artiste reste au milieu du silence et de l'abandon, sans famille, sans amis, en face d'une réputation contestée par les nouveaux venus et d'une misère incontestable, seul résultat de cette vie de poétique insouciance, de noble prodigalité, d'entraînements séduisants. Quand l'artiste est jeune, s'il dévie, vous le remettez dans la bonne voie; quand son talent est mûr, vous lui donnez les occasions de l'exercer; mais que faire pour l'homme de génie, dont les œuvres ornent les musées publics et les palais du chef de l'État, sont couverts d'or dans les ventes, et font la fortune de ceux qui les possèdent, tandis que lui-même meurt de faim dans la misère et dans l'oubli? Je lui donne de l'argent, répondra la routine. Est-ce assez? Est-ce tout? Et cet argent, comment le lui donnez-vous? Il faut que l'homme, fier de ses succès, consente à venir vingt fois attendre dans l'antichambre d'un chef de bureau une audience qui se résume par un arrogant : *Nous verrons.* Ce n'est ni digne de l'artiste ni digne de la France. Je ne veux rien ôter à la dotation des invalides, aux pensions militaires de la Légion d'honneur; mais je demande que tous ceux qui combattent pour l'honneur de la France aient part à ses sacrifices comme à sa reconnaissance. Je vous demande une dotation de 200,000 francs, et de ne pas vous immiscer dans sa répartition. Un gouvernement, un ministre, des bureaux, sont de mauvais conducteurs de cette chaleur du cœur qui est la charité; ils n'ont ni sa délicatesse ni ses hardiesses. Laissez faire les associations fraternelles, et la seconde académie des beaux-arts sera la meilleure de ces associations et la mieux placée pour faire le bien. Avec ce budget de charité et les legs généreux qui viendront le grossir, avec les cotisations personnelles, la seconde académie des beaux-arts donnera des secours, payera des pensions, escomptera aux artistes les billets du commerce, fera des prêts sans intérêt, manière noble de donner à des gens que le malheur empêchera de rendre, et plus encore elle sera pour la nombreuse classe des artistes sa chambre, son syndicat, son conseil de prud'hommes, et aussi son conseil de famille, portant à tous la sollicitude d'une mère vigilante. — PUBLICITÉ. Pour couronnement à cette réorganisation des beaux-arts, la plus large publicité. — Un organe spécial. — Une bonne protection des arts double son influence, quand elle fait connaître les principes qui la dirigent. On ne négligera aucune occasion de les exposer dans des instructions adressées à tous les agents, dans les solennités, les concours et les distributions de prix. On publiera en détail les commandes faites aux artistes, en expliquant le but de la décoration, en motivant le choix de l'artiste, et aussitôt que ces travaux seront exécutés, on publiera un rapport raisonné sur chacun d'eux, accompagné de gravures et de photographies, signalant les œuvres supérieures en même temps que celles qui accuseront la négligence des artistes. Il faut que le public soit mis dans cette confidence pour comprendre les faveurs accordées aux uns, l'exclusion qui frappera les autres. — Quand cette organisation fonctionnera tout entière, quand les voiles, remplies de ce souffle protecteur et vivifiant, auront poussé le navire en pleine mer, et qu'il pourra, sans autre pilote, tendre aux régions bienheureuses qu'on voit poindre à l'horizon, il sera temps alors de supprimer cette direction spéciale des beaux-arts et de rattacher ce rouage, désormais peu compliqué, au ministère de l'instruction publique, qui deviendra le ministère de l'intelligence. En effet, l'éducation publique comprendra tout ensemble la formation de la morale, de l'esprit et du goût : la morale par la religion, l'esprit par les lettres et par les sciences, le goût par les arts. Comprendre l'Évangile, Virgile ou Newton et Raphaël, devenir une des gloires de la France par l'éloquence de la chaire, par les découvertes de la science, par les chefs-d'œuvre des lettres et des arts, c'est puiser à la même source, c'est se ranger sous une même bannière.

MAINTIEN DU GOÛT PUBLIC PAR L'ÉLOIGNEMENT DE TOUT CE QUI OFFENSE LE BON GOÛT.

Les symptômes d'un abaissement du goût public se manifestent de toutes parts et frappent les yeux les moins clairvoyants ; il est évident, pour tout esprit réfléchi, que la génération actuelle s'entretient dans le mauvais goût, parce que l'État et l'édilité des grandes villes ne s'occupent pas assez d'écarter de ses yeux ce qui blesse le bon goût. — La foule ainsi pervertie est le plus pitoyable des juges, tandis que la foule, préparée par la vue des chefs-d'œuvre de l'art et par un commerce familier avec le beau, devient un juge bienveillant, parce qu'il est enthousiaste, et sévère, parce qu'il a le droit d'être exigeant. — On ne peut tout d'un coup détruire le laid et le mauvais, mais il suffit de placer sous les yeux du public le beau à côté du laid, le bon en regard du mauvais, pour épurer son goût. — Les orgues de Barbarie, les temples des pâtissiers, les fleurs en coquille et les paysages en bouchons pervertissent le goût, quand la bonne musique ne se fait entendre nulle part, quand il ne s'élève pas de monuments de l'art le plus pur, quand le luxe des fleurs et les beautés de la campagne ne sont pas à la portée du public; au contraire, quand il possède ces éléments du bon goût, non-seulement il dédaigne les imperfections de l'art, mais, s'il entend à l'Opéra un motif vulgaire traînant au milieu de fades fioritures, il s'écriera que cela ressemble à un air de pont-neuf joué sur un orgue de Barbarie; s'il voit un déplaisant édifice sortir de terre avec la rapide croissance d'un champignon malsain, il établira une différence entre l'architecture sensée, pure et distinguée, et une architecture qui semble un habit d'arlequin et une débauche de sculpteur; en voyant l'un, il pensera aux assiettes montées des pâtissiers et à leurs monuments en nougat, mais il ne fera cette différence que parce qu'il a vu les autres. — Les Français doivent vivre dans la bonne compagnie des grandes choses. Comme un père fait taire les conversations qui blesseraient les oreilles de ses enfants, comme une âme délicate recherche les sentiments distingués et s'effarouche des tendances basses, comme une personne bien élevée n'attire dans ses salons et dans son intimité que ses égaux en éducation et en bon ton, ainsi l'État doit agir pour la nation. Il l'entourera des chefs-d'œuvre de l'art, il écartera de sa vue les produits de la médiocrité, afin que le peuple s'imprègne, sans s'en apercevoir, par habitude et par imitation, de toutes les tendances élégantes qui lui ont fait cortège. — A la campagne, disait une femme d'esprit, on devient laid et bête. Le public français ne doit pas vivre dans ce sans-gêne de la toilette et de l'esprit dont on prend l'habitude à la campagne; il doit être continuellement stimulé par le devoir de représenter un grand public. — Pourquoi l'Italie, si déchue, a-t-elle un grand goût; pourquoi, lorsqu'il s'agit d'ouvrir une place, de disposer un jardin public, d'organiser un musée, la conception ne sera-t-elle jamais mesquine, si même l'exécution pèche par le détail? C'est que le public a sous les yeux les grandes ruines, comme les Grecs avaient leurs grands morts, et il mesure chaque chose à leur taille. — L'État évitera le médiocre comme étant d'un mauvais exemple; il proscrira le mauvais comme immoral et attentatoire au goût public; il provoquera partout l'éclosion du beau, non pas mystérieusement, au fond du sanctuaire, mais à la portée de chacun, sur le passage de tous, gens d'affaires, de loisir ou d'étude. S'il faut choisir entre le médiocre et le laid, on acceptera le laid qui fait valoir le bon et le beau, qui y ramène les esprits trop amoureux de nouveauté et que la fatigue surprend; le médiocre, au contraire, séduit la foule; il affadit, émousse et amollit les sentiments les plus vifs et les plus décidés. Le laid, comme le beau, est un extrême et une aspérité; le médiocre est un niveau qui ramène tout à la même platitude. Avec le beau, avec le laid, on se sent, on s'explique, on se voit passer et l'on se juge; avec le médiocre, on s'engourdit, on s'endort et on s'hébète dans un sot contentement de soi-même. — Encore une fois, on écartera à tout prix le médiocre. — Pour maintenir le goût public, l'État a besoin de faire usage de tous ses moyens d'action, de tous les modes d'influence : 1° les musées, les bibliothèques et les cours publics; 2° les publications à bon marché; 3° les spectacles; 4° les exercices gymnastiques; 5° les promenades dans les jardins et parcs; 6° l'érection de monuments; 7° l'embellissement de la voie publique; 8° les solennités et les fêtes; 9° les splendeurs d'une cour.

MAINTIEN DU GOÛT PUBLIC PAR LES MUSÉES, LES BIBLIOTHÈQUES ET LES COURS PUBLICS.

La grande majorité ne peut étudier qu'en regardant; les gens qui lisent dans les livres, les gens qui écoutent les cours publics, sont la minorité et l'exception. Les musées forment donc de puissants auxiliaires du goût. — Le sculpteur Corot, apprenant à Rome, en 1815, qu'on dépouillait nos musées, s'écria: Où donc irai-je me promener le dimanche? La population parisienne, sans avoir fait le *Soldat de Marathon*, ne parlerait pas autrement. Les musées sont ses promenades. Embellissez-les, rendez-les-lui chaque jour plus attrayants et plus instructifs. — Les musées sont les bibliothèques de l'art et une part importante de son enseignement, mais ils ont les inconvénients des bibliothèques : amas écrasant pour l'esprit, décourageant au cœur, produisant sur le goût le même effet qu'une surabondance d'aliments sur l'estomac, et dépravant le sens de l'admiration, en raison directe du nombre des chefs-d'œuvre rapprochés et juxtaposés. — Ordre méthodique dans la classification des collections. — Les artistes, les gens d'imagination et de goût, ont senti le froid, le vide, le monotone des classements érudits; ils ont réagi contre cette impression par le pittoresque factice, et le musée de Cluny a conservé de son fondateur cette tendance très-marquée. Elle peut être de mise dans une collection particulière; elle ne devrait pas se faire sentir dans un musée public. — Si M. Naudet avait demandé à feu Curtius les figures ressemblantes des savants illustres dans leur vrai costume, et les avait entourées de leurs œuvres, ainsi que des livres de leurs contemporains, au lieu d'aligner tous les volumes par matière et par format dans les longues galeries du palais Mazarin, il aurait conjuré l'impression lugubre que produit la vue de ces grandes nécropoles de l'esprit humain; mais qui voudrait tolérer de semblables pasquinades? — Les collections sont ce qu'elles sont et ce qu'elles doivent être : les ressources méthodiques et commodes de l'érudition. — Il s'ensuit qu'un musée ne doit s'augmenter ni outre mesure ni aux dépens des jouissances que les chefs-d'œuvre de l'art nous réservent au lieu même de leur destination première. — Les Grecs n'avaient pas de musées, leurs villes tout entières étaient des musées. Nous devons tendre à cette bienfaisante manière de goûter les arts et faire descendre tous les jours davantage nos musées dans la rue. Qu'est-ce qui fait que Paris et la France peuvent prendre en dédain les efforts de magnificence de Londres, de Saint-Pétersbourg et de New-York, de l'Angleterre, de la Russie et des États-Unis? C'est que l'art offre aux passants, dans les rues de Nîmes, la Maison carrée et les Arènes; sur la grand'route, le pont du Gard et l'arc de triomphe d'Orange; dans vingt villes, les cathédrales et les églises : partout disséminés, les châteaux; et à Paris, la Sainte-Chapelle, le Louvre, la fontaine des Innocents, la porte Saint-Denis, les Invalides, la place Louis XV et la fontaine de Bouchardon. — Ce grand musée du dehors prescrit la modération au musée du dedans. — Réunir sans accaparer, composer savamment sans entasser. — Des œuvres mortes gagnent à être mises en évidence dans un musée : elles y trouvent une nouvelle vie et deviennent un enseignement public; d'autres œuvres sont vivantes dans la pleine lumière du ciel et au grand air : elles s'attristeraient renfermées; ne détruisez pas leur utile influence. — La capitale est riche en collections publiques; elles devraient s'aider mutuellement, et elles se nuisent. — Répartition meilleure, échanges autorisés entre collections publiques; vente, même celle des doubles, rigoureusement interdite. — Le cabinet des antiques transporté au Louvre. Vases grecs et étrusques, terres cuites, bronzes, intailles et camées répartis dans les collections; les médailles formant, avec leur bibliothèque spéciale, un département distinct, quoique lié intimement avec tout l'ensemble des richesses du Louvre. — Le cabinet des estampes également transporté au Louvre pour mettre ses 15,000,000 de pièces en rapport avec les tableaux des maîtres, à proximité des objets d'art de tous les genres. Cette collection conservera aussi sa bibliothèque spéciale. — Autres déplacements moins importants, mais tout aussi logiques. — LE LUXEMBOURG. Ce musée peut être placé en première ligne, parce que c'est moins une collection qu'un vestibule du Louvre, sorte de limbes où des âmes généreuses attendent que s'ouvrent pour elles les portes d'une gloire incontestée. — Combinaison excellente, tribune éloquente qui proclame l'illustration de chaque artiste au milieu de ses pairs et l'expose à la critique de ce grand juge qu'on appelle le public. Obtenir de placer son œuvre dans ce musée des contemporains, c'est l'ambition de la jeunesse et le plus noble stimulant; dans la longue et triste vieillesse, c'est une consolation, car de temps à autre le public envoie à l'artiste, dans la retraite que lui impose son impuissance, un bruit flatteur d'approbation persévérante et comme le refrain des mélodies glorieuses de la jeunesse. Il jouit même quelquefois de retours inattendus de popularité; aussi, de loin en loin, à l'heure la plus solitaire et bien timidement, va-t-il revoir l'œuvre exposée, et comme en lisant la correspondance d'une personne aimée, il se rajeunit à la vue de ce passé, au souvenir des anciennes émotions. — Classification par salles réservées à un maître, Ingres, par exemple, ou Picot, ou Cogniet, ou Rude, entourés de leurs élèves. — Le musée du Luxembourg n'est pas assez vaste. Il pourrait admettre, sans faire déchoir la récompense, un plus grand nombre d'artistes, et il devrait donner place aux œuvres d'artistes éminents de l'étranger. Qui n'aimerait à voir un Overbeck à côté d'un Orsel; un Cornelius, un Kaulbach, en regard d'un Ingres; un Lessing, un Gallait, un Bendemann, près d'un Paul Delaroche; un Mulready en pendant d'un Decamps, un Grant dans le voisinage de Rosa Bonheur, et les Millais, Leys, Willems, Knaus, Stevens, mis en rapport fraternel avec nos artistes dans le même asile glorieux, sous le même toit hospitalier?

— Rapprochement instructif et moral, en même temps qu'honorable pour tous. — Le Louvre. Notre musée est battu par toutes les collections publiques. Il est surpassé en tableaux de Raphaël par Rome, Madrid et Dresde; en œuvres du Corrége, par Parme; en Bellin, en Titien, en Giorgione, en Paul Véronèse, par Venise; en tableaux hollandais, par La Haye; en flamands, par Munich; en Albert Dürer, par l'Allemagne; en marbres antiques, par le musée Britannique; en bronzes, par Naples; en terres cuites, par Rome; en vases peints, par Berlin; en bijoux antiques, par Saint-Pétersbourg; et, malgré tout, le musée du Louvre est le plus riche musée du monde, parce qu'il est le mieux pondéré et le plus complet sur tous les points. — L'histoire de l'art y est tout entière. — Lui conserver ce caractère éminent et ce rare mérite. — Directeur de musée. Qualités requises pour ces délicates fonctions — Budget. Un fonds fixe, pouvant se reporter d'une année sur l'autre, avec autorisation d'engager plusieurs exercices. — Occasions qui, faute d'un budget fixe et élastique, nous ont échappé depuis quarante ans. — Ces fautes font saigner le cœur, car elles ne sont pas de celles qu'on répare. Tous ces chefs-d'œuvre de l'art, tous ces monuments uniques de l'archéologie, qui auraient pu servir aux progrès des arts et des études érudites, sont désormais immobilisés dans les collections publiques de l'étranger. A elle seule, l'Angleterre a créé, dans ces dernières années, avec une dépense de cinq ou six millions sagement répartis sur quarante exercices, son admirable musée Britannique. — Acquisitions dans les ventes. — Acquisitions directes. — Missions d'agents experts. — Voyages au loin. — Fouilles en Italie, en Grèce, en Orient. — Collections entières qu'on peut acquérir immédiatement et payer par annuité : Campana, Gerhardini, etc. etc. — Balance à tenir entre les intérêts de l'art et ceux de l'archéologie, entre les jouissances du public et son instruction. — Lacunes à remplir. — Compléter les écoles qui ont exercé une grande influence. — Acquérir des tableaux qu'on doit trouver dans un musée, uniquement parce qu'on ne les trouve pas ailleurs, et qu'ils sont nécessaires autant pour étudier l'histoire de l'art que pour contrôler les œuvres qui se rencontrent dans le commerce. — Personnel. Trois grandes divisions : 1°l'antiquité; 2° le moyen âge et les temps modernes; 3° la peinture et les dessins. Un conservateur à la tête de chacune d'elles, ayant sous son autorité autant de conservateurs adjoints que l'exigent les spécialités des collections et les travaux. — Dispositions et classement. Les collections doublent de valeur et d'utilité par l'arrangement. — Tableaux. — Éclairage. — Juxtaposition des cadres. — Monotonie des ouvrages d'un même maître quand ils sont réunis. — Classement chronologique des tableaux dans une même école. — Titien peut être réparti dans l'école vénitienne; depuis le commencement du xvie siècle jusqu'à la fin (1477-1576), il participe de l'influence que sa manière subit et de celle qu'il exerce sur ses contemporains. — Sculpture. Les fragments laissés dans leur condition et avec le caractère de fragment. Les restaurations rejetées. L'artiste ne s'y trompe pas, mais le public est trompé: là est le mal. — Vases. — Bronzes. — Dispositions nouvelles. — Murs ornés de fresques représentant les pays mêmes d'où les objets proviennent. — Salles consacrées à des expositions accidentelles. Un jour, on y réunira toutes les œuvres de Prud'hon que les particuliers et le Louvre possèdent; un autre jour, on fera appel aux heureux possesseurs des Le Sueur, des Largillière, des Greuze. — Une fois, on fera une exposition de belles miniatures; une autre fois, ce sera le tour des brillants émaux, des charmants pastels, des dessins de vieux maîtres ou des aquarelles de grands artistes. — Les conservateurs feraient des lectures sur ces expositions. — Ce n'est pas d'une grande portée, mais c'est de la vie, un galvanisme innocent et actif, introduit dans ces froides galeries. — Les recherches érudites sont provoquées par ces rencontres; l'attention excitée par ces nouveautés, l'art redevient un sujet de préoccupation publique et de discussion. On en parle au salon, on en cause au foyer domestique. — Parfois aussi on exposerait dans ces salles une collection entière proposée à l'acquisition. Le Gouvernement puiserait dans l'assentiment public une force et une excuse pour demander à la Chambre les crédits nécessaires. — Enseignement des musées. Cet enseignement se produit de quatre manières : 1° en montrant les collections; 2° en les donnant à copier; 3° en les décrivant dans des catalogues et en les reproduisant par la gravure; 4° en les commentant dans des cours publics. — Catalogues. Pour chaque collection, un catalogue méthodique et détaillé; pour l'ensemble du musée, un catalogue général donnant l'aperçu de toutes les collections, sous la forme d'une histoire générale et populaire de l'art. Dans ce résumé, on ne décrirait qu'un millier d'objets, dont on donnerait la représentation habilement rendue et finement gravée. Ces perles du Louvre auraient un numérotage d'une couleur distincte et porteraient, en outre, une description tracée au bas du cadre ou sur le piédestal. On ne saurait donner trop de facilité à l'instruction de ceux qui ne trouvent pas, faute de savoir chercher, ou qui ne cherchent pas, faute de pouvoir trouver. — Les catalogues mis à plus bas prix. — La perte du Trésor est compensée par une plus-value d'instruction et de bon goût dans le public. — Atelier de photographie établi au Louvre pour la reproduction de tous les objets d'art des collections publiques. — Deux parts à faire. — L'État reproduit et vend au-dessous du prix de revient, c'est-à-dire pour presque rien, des photographies ou gravures photographiques des plus beaux objets de ses collections, de ceux qui peuvent servir à l'étude et propager le bon goût; il reproduit, à la demande des visiteurs, et en le faisant payer au moins autant que le commerce, tout ce qui est fantaisie et curiosité d'amateurs. — Plus une statue sera belle et célèbre, moins cher sera vendue sa parfaite reproduction. — Restaurations. La sculpture ne comporte aucune restauration. — On fera disparaître outes les additions parasites. — Les tableaux vieillissent comme les femmes : les uns en augmentant de beauté, en ajoutant la majesté, une sérénité harmonieuse, à la grâce de la jeunesse; les autres, en se laissant im-

poser les rides de la décrépitude et les taches maladives. Je ne fais pas
la critique des restaurations nécessaires. On soigne les tableaux malades
comme les hommes infirmes, et on les mène, à force de soins, le plus loin
possible. Souvent, pour sauver la vie, il faudra la risquer, et c'est le devoir
du médecin de tenter le moyen suprême et de couper le membre qui com-
promet le corps. — Seulement choisissez le meilleur médecin. — Je sais des
restaurations fâcheuses, parce qu'elles étaient inutiles; fâcheuses, faute de
la surveillance qui calme les démangeaisons du restaurateur; mais j'en sais
aussi d'excellentes, dont on a fait un crime à l'Administration. Écoutez
David tonnant à la tribune en 1790 : «Vous ne reconnaîtrez plus l'*An-
«tiope:* les glacis, les demi-teintes, tout ce qui caractérise plus particu-
«lièrement le Corrége et le met si fort au-dessus des plus grands peintres, tout
«a disparu.» Allez voir l'*Antiope* au Louvre, et dites si ce n'est pas le Corrége le mieux conservé. Mais il fallait prouver la barbarie du roi Louis XVI
et de ses agents, comme, en 1848, on voulut exciter l'animadversion contre
le roi Louis-Philippe et son administration en exposant *la Charité* d'Andrea
del Sarto dans l'état incomplet de restauration où se trouvait ce tableau
au moment de la révolution. Mais M. Jeanron en a été pour sa peine : *la
Charité*, peinte à Paris même par le grand artiste, pour François Ier, reste
toujours l'un de ses plus parfaits ouvrages. — ENTRÉES. Le public parisien
n'entre dans le Louvre que le dimanche, et seulement de jour. — Il devrait
avoir, trois jours la semaine, ses entrées dans les collections, et trouver tous les
soirs les salles de la sculpture ouvertes à son admiration.—Visite du Vatican
aux flambeaux.—Vous éclairez vos rues; éclairez aussi cette grande voie intérieure qui, comme l'ancienne voie des Trépieds à Athènes, est bordée de
chefs-d'œuvre, et donnez au peuple ce délassement instructif. — Les élèves,
les apprentis, les ouvriers munis d'une carte de leurs professeurs de dessin,
seraient autorisés à travailler le soir d'après l'antique. — COURS ET LEC-
TURES DU SOIR. — Au directeur reviendra l'honneur de raconter l'histoire
du Louvre et de ses collections, de faire la description des collections
étrangères, et de discuter les mille questions qui touchent à son administration. Les conservateurs feront leur cours dans un amphithéâtre disposé à
cet effet; mais souvent ils transporteront leur auditoire de salle en salle, à
mesure que l'enseignement marchera de siècle en siècle, offrant la démons-
tration de chaque transformation d'école dans le chef-d'œuvre même qu'elle
a produit. — Le conservatoire du musée aura son journal, dans lequel
paraîtront les gravures des chefs-d'œuvre de toutes les collections, les dis-
sertations archéologiques ayant trait à l'art en général et aux richesses du
Louvre en particulier, des descriptions détaillées de toute acquisition récente
et les nouvelles des arts. — MUSÉE DE CLUNY. Excellente création. — Historique.—M. Dusommerard.—Son but.—Le but du Gouvernement en se subs-
tituant à lui.—Tendance du musée à dévier de sa voie naturelle.—Sa mission
doit être de représenter, par les ustensiles de la vie privée, par les ornements et les bijoux, par l'ameublement de la demeure, l'état des arts appli-

qués, en France, depuis le vᵉ siècle de notre ère jusqu'à la fin du xviᵉ, et
exceptionnellement, pour quelques branches des arts appliqués, jusqu'à la
mort de Louis XIII (1643). Tout ce qui est hors de ce cadre appartient au
Louvre, n'est pas à sa place à l'hôtel de Cluny, occasionne des doubles
emplois et cause dans les ventes et dans le commerce des rivalités préjudi-
ciables aux intérêts de l'État. — Répartition à faire entre les deux collections pour rétablir l'équilibre. — Le classement pittoresque doit céder au
classement méthodique par grandes spécialités de fabrication, céramique,
verrerie, émaux, ivoires, etc. — Reléguer dans les magasins ou céder au
musée archéologique du théâtre Français les meubles composés par M. Dusommerard et les objets sans mérite qui font du tort à l'époque même qu'ils
représentent. — Le conservateur rédigera un catalogue qui sera scientifique
et méthodique, bien qu'il présente l'attrayante histoire de la vie privée de
nos pères par les objets et ustensiles qui furent à leur usage. — Il ouvrira
des cours du soir, en les combinant avec ceux du Louvre, pour éviter les
répétitions. — Son programme exclusivement historique. — Je n'admets
pas qu'on donne à nos industriels pour règles et pour modèles toutes les
misères de ce ramassis de productions de toutes les modes. Nous sommes
heureusement sortis de ces limbes des recherches archéologiques. Le conservateur s'attachera à démontrer que l'art antique fut continuellement le guide
des arts et de l'industrie en France, que toutes les déviations, appelées des
styles, en découlent avec une part d'invention plus ou moins grande, suivant
que l'originalité s'est plus librement développée à l'abri d'institutions protec-
trices. Il fera le tableau des corporations de métiers et dégagera de cette habile
organisation la position de l'artiste, en la mettant en parallèle avec celle de
l'homme de lettres. — MUSÉE DE L'ÉCOLE DES BEAUX-ARTS. Il est composé,
comme on l'a vu plus haut, de moulages en plâtre, et il représente l'histoire
des arts à toutes les époques, par l'architecture et la sculpture. On y ajouterait
un musée des matériaux employés par ces deux arts. Ce musée minéralogique
n'existe encore nulle part. Il différerait entièrement de ceux qu'on a formés
au Muséum d'histoire naturelle et à l'École des mines : en premier lieu,
parce qu'il ne présenterait que des minéraux mis en usage ou susceptibles
d'être employés; en second lieu, parce que la classification prendrait le
milieu entre la minéralogie proprement dite, la chronologie des monuments et leur géographie. — Utilité de cette collection dans les questions
d'origine des monuments, dans les discussions archéologiques, dans le
choix des matériaux. — MUSÉE SIGILLOGRAPHIQUE. Il y en a deux en œuvre :
l'un, aux Archives générales, par les soins de l'Administration; l'autre, à
l'École des beaux-arts, par l'initiative généreuse de M. Depaulis, le graveur de médailles. Ils seront d'une grande ressource, s'ils sont continués et
complétés, si celui des beaux-arts est rendu public, si celui des archives
a des fonds suffisants pour s'enrichir de quelques-uns des sceaux originaux
qui lui manquent. Aux Archives, on atteindra facilement le chiffre de
25,000 empreintes. Leur classification sera historique, avec des subdivi-

sions chronologiques. A l'École des beaux-arts, deux mille de ces empreintes suffisent pour représenter l'histoire de l'art par la sigillographie et
l'histoire particulière de la gravure des sceaux. — MUSÉE D'ARTILLERIE. On
déversera dans ce musée les armes isolées que possèdent les autres collections publiques de la capitale. — Il faut éviter de disséminer les monuments. — Dans les époques de grande prospérité, les armes ont été aussi
riches que les bijoux, d'un goût plus pur et plus sévère; dans les temps
malheureux des longues guerres, les armes ont accaparé l'art entier, qui
n'avait pas d'autre emploi. Remarquons d'ailleurs que les bijoux ne sont
que d'une espèce, parce que la coquetterie de la femme est toujours armée
en guerre, tandis qu'on peut distinguer, dans les armes, celles qui se portaient
au combat, et celles qui restaient dans la salle d'armes comme des monuments de l'art, réservées pour la parade, pour les entrées joyeuses et pour
les tournois. Une arme, dans une collection de bijoux, comme celle du
Louvre, dans une collection de meubles et d'ustensiles de la vie privée,
comme à l'hôtel de Cluny, perd toute valeur; placez-la au musée d'artillerie,
et aussitôt elle se montre dans un jour qui fait valoir la beauté de ses
formes, l'heureux ajustement des parties et le choix habile de l'ornementation; elle prend même son véritable caractère dans la disposition martiale
qui s'empare de tout visiteur en entrant dans ce musée spécial. Les armes
des souverains et princes du sang y trouveront dignement leur place; car
les épées de Poitiers, de Marignan et de Pavie, d'Arques et d'Arcole, n'é-
taient pas des joyaux de parade. On complétera le musée par les dessins d'un
artiste qui aura mission d'étudier les plus belles collections d'armes, et par
un catalogue aussi savamment composé que brillamment illustré. — MUSÉE
DU CONSERVATOIRE DES ARTS ET MÉTIERS. C'est la suite naturelle des musées
précédents. C'est le tableau de l'industrie moderne, destiné moins à offrir
des modèles qu'à donner d'utiles avertissements, qu'à servir parfois d'épou-
vantail. — Loi du dépôt appliquée à l'industrie. — Dans quelle mesure.
— Un jury préposé pour n'admettre que les produits dignes d'intérêt.
— Fonds d'acquisition pour les productions étrangères. — Salle des étoffes
primitives, étoffes orientales, genres écossais, bretons, rouennais, slaves, etc.
— Classification méthodique ayant pour base l'histoire des procédés tech-
niques et le tableau des progrès matériels. — MUSÉUM D'HISTOIRE NATURELLE.
Toutes ses collections sont utiles aux artistes; il en est une qui est suscep-
tible de prendre un développement très-favorable aux arts. Je ne soupçon-
nais pas, il y a trente ans, lorsque j'écoutais avec curiosité les démonstrations
enthousiastes du bonhomme Blumenbach, que je viendrais un jour proposer en exemple son petit musée anthropologique de Gœttingue. C'était alors
si peu de chose, un si petit local, un si grand fouillis; mais l'idée même
y gisait. Tout serait dit pour cette science avec la création d'une collection
un peu complète de crânes humains, si la question des races pouvait être
tranchée par la détermination de l'angle facial; mais tant d'éléments différents doivent concourir à la solution du problème, qu'il n'est pas inutile de

3

faire appel aux arts. — Mission inutilement demandée aux ministres de la guerre et de l'intérieur, pour que le jeune Cordier étudie en Afrique le Berbère et le Kabyle, en Grèce les plus belles races, en Orient les types les plus purs. — Utilité d'une collection scientifique ainsi vivifiée par l'art. — Musées de province. Paris, cœur de la France, doit pousser sa sève artiste, toujours renouvelée, jusqu'aux limites extrêmes du pays, comme le sang incessamment vivifié va, par les artères, animer les extrémités du corps. Paris peut rester le cœur de la France; mais, tout en se rattachant à lui, les départements doivent vivre de leur vie propre. Là réside une part sérieuse de l'administration des beaux-arts, et ce qui doit être sa préoccupation permanente. Attirer à Paris les intelligences provinciales pour les former au bon goût, pour les élever davantage aux nobles aspirations, c'est bien agir, mais à la condition de les rendre à la province; autrement Paris devient une oasis de haute civilisation au milieu d'un désert de matérialisme. L'action absorbante de la capitale n'est pas un fait récent: elle s'est manifestée très-anciennement; et, dès 1767, Diderot pouvait écrire : « Il y a quelques savants, « quelques érudits et même quelques poëtes dans nos provinces, mais aucun « peintre, aucun sculpteur; ils sont tous dans la grande ville, le seul endroit « du royaume où ils naissent, où ils soient employés. » Cet état de choses n'a pas changé; il s'est même aggravé. — Les sociétés savantes, sociétés de littérature, arts et agriculture, sont bien nombreuses, il y en a dans chaque ville; mais je m'afflige depuis quelques années de leurs tendances pratiques et matérielles. Il s'agit, dans leurs mémoires, uniquement de drainage, d'oïdium, de cristallisation du sucre et de statistique; la littérature, l'art et l'archéologie en sont, pour ainsi dire, exclus. Il y a cependant deux exceptions éclatantes, deux villes qui développent la culture des arts et se font centres : Lyon et Metz. Deux artistes, Saint-Jean et Maréchal, ont fait école dans ces villes bien préparées d'ailleurs par leur passé. Comme ces percées dans la forêt qui montrent le ciel et indiquent l'issue, ces efforts déjà couronnés de succès montrent nos chances dans l'avenir. — Organisation générale des musées de province. — Classement et mode d'administration variable suivant les circonstances et les localités; règlement et catalogues uniformes. — Chaque chef-lieu de département et toute ville importante aura son musée comme auxiliaire de son école de dessin. — Édifice propre à un musée. — Le professeur de l'école de dessin est le conservateur naturel du musée. Une société des arts est chargée de son administration. — Elle se recrute par l'élection. — Sa mission est de stimuler les dons et donations des particuliers, de provoquer les allocations municipales et départementales, d'intéresser l'État aux efforts de la localité; elle cherche les moyens d'aviver et de toujours entretenir l'intérêt et la curiosité par diverses combinaisons prises dans les goûts du pays et dans ses ressources. — Expositions annuelles. — Expositions accidentelles d'objets d'art envoyés par le Gouvernement, prêtés par les particuliers, reçus en don des habitants et des artistes du pays, ou acquis sur les fonds du musée. — Ainsi organisé, administré, enrichi, le musée de province ne serait plus une catacombe ignorée des habitants, et que les voyageurs visitent de loin en loin quand on parvient à en trouver la clef; ce serait le Louvre de chaque ville, une gloire de la localité, et la plus instructive promenade du dimanche. — Règlement. — Catalogue. — L'inventaire général de la richesse des musées de province est un travail indispensable. Pour être fait d'une manière logique, méthodique et pratique à la fois, il devrait être exécuté par la même personne, ou par deux personnes procédant de concert. En trois années, cette entreprise peut être terminée, et il sera facile de trouver un érudit connaisseur en peinture et en sculpture, un archéologue versé dans l'étude des antiquités nationales et romaines, qui seront heureux de se charger d'un travail aussi utile et de nature à leur faire autant d'honneur. Charger les conservateurs des musées ou les érudits locaux de ce soin, c'est recommencer la tour de Babel; car rien ne serait plus disparate, plus incohérent, plus incompréhensible que ces inventaires, fussent-ils dressés tous sur le modèle le plus uniforme et le mieux préparé. Charger même plusieurs personnes d'exécuter ce travail par groupes de départements serait lui ôter sa valeur d'ensemble, le mérite des appréciations comparatives et le poids des jugements appuyés sur l'inspection générale. De cette étude approfondie de toutes nos richesses résulterait aussi, pour l'administration centrale, une connaissance exacte des besoins de chaque localité, du goût des arts qui s'y manifeste, des ressources que les collections offrent à l'étude du dessin, des efforts enfin que les administrations locales font pour se rendre dignes de la bienveillance et du concours du Gouvernement. Le catalogue serait imprimé dans la localité, et ces publications, toutes d'un même format, auraient l'avantage d'être pour leurs auteurs une satisfaction d'amour-propre et un stimulant pour la continuation de leur entreprise, d'être pour les conservateurs une constatation officielle de l'état de la collection, et de devenir pour le public, dans son ensemble, une collection d'une grande utilité, isolément, un guide, un sujet de discussion, de critique, toutes choses excellentes pour éveiller l'attention et ranimer le goût des arts. — BIBLIOTHÈQUES. Bienheureux les peuples qui n'ont pas connu de musées, bien enviables les âges qui n'ont pas eu de bibliothèques! La nature pour l'artiste, l'imagination pour le penseur et l'écrivain, voilà les vrais musées, les saines bibliothèques. Mais n'est pas pauvre qui veut. Si la richesse est un embarras, on doit aux siens de la bien administrer et d'en faire bon usage. — Les bibliothèques dans l'antiquité; — au moyen âge. — L'imprimerie. — Les bibliothèques ouvertes au public. — Les bibliothèques publiques de Paris se sont toutes formées indépendamment les unes des autres. — Quelque intention de spécialiser leur composition dans la manière dont les livres confisqués ont été répartis après la révolution. — Les bibliothèques de Paris n'ont aujourd'hui aucun lien entre elles, tandis qu'elles devraient avoir une organisation commune. — Considérer Paris comme un seul être. Consacrer chacune de ses bibliothèques à une spécialité. — Les bibliothèques de Paris

forment dès lors toutes ensemble une véritable bibliothèque universelle.
— Faire une répartition des richesses de toutes les bibliothèques de Paris
pour compléter réciproquement la spécialité qui aura été assignée à chacune
d'elles, suivant les intérêts qu'elles desservent ou le caractère de leur composition primitive. L'ensemble du budget des bibliothèques parisiennes balancera
la production littéraire du monde entier. Il s'imprime depuis vingt ans, et
il s'imprimera pendant longtemps encore, environ trente-cinq mille volumes
par an. Défalquez les réimpressions, la littérature légère, les pièces de
théâtre, les pamphlets politiques d'intérêt local, les livres de piété et les
livres de classe, il vous restera environ vingt mille volumes à acheter. Vu le
rabais qu'on obtiendra des éditeurs étrangers en prenant toutes leurs publications et en les faisant connaître, vu aussi la cherté des grandes publications, c'est une dépense annuelle de 150,000 francs. Ce budget sera centralisé
au ministère, qui ne rencontrera pas d'objection contre ses choix, puisqu'il
achètera tout ; qui pourrait seulement soulever quelque critique par la répartition de ses acquisitions entre les spécialités. Mais, dans ce genre d'appréciation, il faut imiter Salomon, et trancher dans le vif. D'ailleurs, les erreurs, si erreurs il y a, seront faciles à réparer, puisqu'il ne s'agira que d'un
déplacement. Quant aux quinze mille publications omises, les conservateurs, dans chaque spécialité, étudieront les recueils littéraires pour connaître et réclamer celles qui sont d'un intérêt général. Les bibliothèques de
Paris, ainsi organisées, offriraient à l'érudit, dans la capitale, toutes les
spécialités au complet, c'est-à-dire, pour ne prendre qu'un exemple, au lieu
de dix exemplaires du *Cosmos* de Humboldt que chaque bibliothèque s'em-
presse d'acheter, un exemplaire du *Cosmos* dans la bibliothèque du Muséum
d'histoire naturelle, et, en outre, tous les ouvrages du même genre, infé-
rieurs sans doute, mais bons à consulter, et que ces bibliothèques auraient
été dans l'impossibilité d'acheter. Un catalogue général des acquisitions de
l'année serait publié, avec l'indication de la bibliothèque où chaque ouvrage
se trouve placé et du numéro qu'il porte. Tous les dix ans, une table générale résumerait les acquisitions, et ces catalogues seraient mis à la disposition des lecteurs. Chaque bibliothèque spéciale aurait, en outre, son catalogue alphabétique et méthodique, non pas une œuvre littéraire qu'on
n'achève jamais, mais un instrument usuel, un outil commode mis immédiatement dans la main de tous les lecteurs. Pas une bibliothèque de
l'Allemagne qui n'ait terminé cette besogne avec son personnel, et en satisfaisant aux besoins du service. La bibliothèque du musée Britannique, plus
riche en imprimés qu'aucune autre bibliothèque, a ses catalogues à jour et
au complet. — De la lecture dans les bibliothèques et du prêt des livres au
dehors. — Les places de bibliothécaires réservées à ceux qui connaissent
le mieux les livres, non pas à ceux qui font les meilleurs livres. — Quand les
deux qualités se réunissent, le bibliothécaire est bien près d'être parfait. —
Avancement se faisant, autant que possible, dans la bibliothèque spéciale,
ou au moins dans les spécialités avoisinantes. — Les employés ne seront

autorisés à publier que le moins possible, et seulement des travaux qui ont rapport à leur spécialité. — Heures d'ouverture. — Séances du matin et du soir pour les ouvriers, les employés et les personnes occupées. — Vacances (voir mon rapport, p. 784).—Décorations intérieures.—Aménagements nouveaux. — Mécanisme du service. — En dehors des bibliothèques publiques, on encouragera les bibliothèques circulantes, qui portent les bons livres à domicile. — Mais ce n'est pas assez de donner rapidement les livres qu'on demande et d'accorder de longues séances pour les lire; il faut utiliser la présence dans les bibliothèques publiques de conservateurs instruits, hommes spéciaux dans leurs études. Des cours publics seront institués dans la bibliothèque Nationale pour former la jeunesse à la bibliographie, qui comprend la connaissance des manuscrits, des livres et des estampes. Ces cours seront suivis par les amateurs qui se sentent, faute de cette éducation spéciale, à la merci des spéculateurs, et en même temps ils formeront la jeunesse destinée au commerce de la librairie et des estampes. — Ces industries sont dans une décadence inquiétante, si l'on considère le degré d'instruction et le goût de ses représentants. — Former des Étiennes pour la librairie, des Mariettes pour les estampes. — Ces cours de bibliographie se tiendront dans la bibliothèque même, à trois heures, après les séances publiques, ou bien le soir, après la fermeture des maisons de commerce, et leurs chaires seront occupées par des hommes spéciaux. — M. Charles Brunet pour les livres, M. de Wailly pour la paléographie, M. Alfred Darcel pour les miniatures, M. H. Delaborde pour les gravures. Il pourrait sortir de ces cours une jeunesse aussi instruite dans sa spécialité que les élèves de l'école des chartes le sont dans la leur, et qui, munie d'un diplôme, obtenu dans des examens publics, offrirait à l'imprimerie, à la librairie et au commerce des estampes un choix de protes, d'associés, de commis voyageurs, dont les connaissances de bon aloi auraient pour garants les savants les plus compétents. — Bibliothèques des départements. Service mis en rapport avec celui de Paris. — Bibliothèques des communes. Faire pour elles, et sous une forme particulière, l'encyclopédie du xixe siècle. — Hôtel des ventes. Les collections sont devenues nomades, les bibliothèques errantes. Le temps n'est plus où les collections restaient dans les familles et faisaient partie d'un mobilier qu'on tenait à honneur de transmettre intact et plutôt augmenté aux héritiers de son sang et de son nom; aujourd'hui les tableaux sont affaire de caprice: on cite tel amateur qui a vendu deux et trois collections formées les unes après les autres; les livres ne sont pas mieux traités, même ceux qu'on a fait relier à ses armes. On n'est pas humilié de vendre sa bibliothèque: on a pour soi des exemples illustres, et l'idée de faire savoir en tous lieux qu'on s'est une fois passé la fantaisie de posséder une bibliothèque sourit à la vanité. Quant aux outils de profession, le jeune médecin vend les livres de droit de son père, avocat illustre, et l'amateur du sport la bibliothèque théologique de son oncle l'évêque. Inutile de déclamer contre cette insouciance; elle tient autant à la force des

choses qu'aux travers du siècle. Le mieux est de vivre avec son temps et de
tirer parti de ses défauts. Les habitudes que déplorent tous les vrais amis de
l'art et des lettres peuvent tourner à leur avantage. Puisque les collections
de toute l'Europe se dispersent, faites en sorte qu'elles ne se vendent qu'à
Paris, qu'elles se vendent dans un local assez spacieux pour donner accès à
un nombreux public, dans un local disposé de telle sorte qu'il deviendra
une bourse digne de telles transactions. — Libre entrée en France des objets d'art et livres vendus à Paris. — Concessions de quelques avantages
à la chambre des commissaires-priseurs, pour qu'ils construisent un édifice
de noble apparence, ayant des dimensions suffisantes, offrant des aménagements convenables. L'hôtel des ventes est une bourse vulgaire, mal dis-
tribué pour tous les jours et impraticable dès qu'il se fait quelque vente
importante. Un homme de goût, une femme qui se respecte, ne peuvent
se risquer dans cet intérieur qui semble la continuation de la rue, tant
il y a de boue sur les parquets, de poussière dans l'air, d'odeurs déplai-
santes dans l'atmosphère, de laisser-aller dans la tenue et la conversation,
de brutalité dans la manière de se fouler autour des tables. L'hôtel des
ventes de l'avenir sera construit dans la rue de Grammont, en face de la
Bourse, dans le prolongement de la rue qui porte son nom. Ce sera un monument, c'est-à-dire un édifice construit avec goût, révélant son caractère
par son élégance et approprié dans l'intérieur à ses besoins : au rez-de-
chaussée, les ventes courantes des marchandises ordinaires ; au premier,
dix vastes salles convergeant sur une salle centrale, et pouvant toutes se
réunir au moyen de portes rentrantes, de manière à ne former qu'une seule
salle au jour des grandes solennités, j'entends des ventes mémorables. Dans
l'habitude journalière, la salle centrale sera disposée comme un salon et offrira un forum élégant et confortable où se réuniront les amateurs curieux,
gens heureux, puisqu'ils ont une passion, gens sociaux, puisqu'ils ont besoin
de se rencontrer, de se questionner, et, toutes les fois que leur intérêt n'est
pas en jeu, de s'éclairer mutuellement. Là, les amateurs novices trouveraient
les indications les plus désintéressées et les meilleures près des amateurs
honoraires : je désigne ainsi les gens de goût trahis par la fortune, séparés violemment de leurs collections chéries, et qui restent attachés platoniquement
aux anciens objets de leur amour. C'est parmi eux que la chambre des commissaires-priseurs choisirait son agent. Il lui sera facile de trouver un homme
de savoir, de goût et de bonnes manières qui répondra aux mille questions qu'on lui fera, et qui aura une bibliothèque à sa disposition pour être
plus précis, et pour fournir à chacun les moyens de s'éclairer lui-même ; bibliothèque restreinte à l'archéologie et à l'histoire des arts, à la biographie
et à la bibliographie, sciences représentées par des ouvrages usuels, tels
que manuels, encyclopédies et dictionnaires, représentées surtout par la
collection des catalogues de ventes que compléteraient chaque jour les
commissaires - priseurs en léguant à cette bibliothèque leurs exemplaires
annotés, avec les prix et les noms des acquéreurs. — Réorganisation du

corps des commissaires-priseurs. — Ce que sont les experts et ce qu'ils devraient être. — A l'avenir, un baccalauréat ès lettres ou ès arts sera exigé pour remplir ces fonctions, selon qu'on se destine à la vente des livres, de la curiosité, des objets d'art ou des gravures. — Ainsi réorganisés, les commissaires-priseurs et les experts formeront, dans l'hôtel des ventes, une sorte de société mi-commerciale, mi-archéologique, qui aura son journal d'art, d'industrie et de bibliographie, dans lequel on abordera tous les sujets au point de vue commercial, dans lequel on discutera les contestations judiciaires, et où l'on annoncera les ventes prochaines avec des détails de nature à intéresser et à éclairer le monde des amateurs. ⤚ Cours publics. Je ne puis m'occuper ici des intérêts de la littérature, et cependant ces intérêts confinent à ceux de l'art : tout ce qu'on fait pour les lettres profite aux arts. Les hommes d'imagination, quelle que soit leur manière de s'exprimer, sont d'une même famille; il existe une communication électrique, mystérieuse, et cependant évidente, entre les lettres et les arts. Encouragez donc les lettres. Si vous les élevez aux spéculations les plus hautes, aux inspirations les plus poétiques, vous verrez l'art s'élever avec elles dans cette sphère radieuse; je n'ai aucune objection contre trois cours de philosophie au collége de France, contre vingt cours de langues mortes ou qui vont mourir. Je ne m'élèverais pas contre le cours de littérature étrangère et de grammaire comparée, si je les voyais escortés d'un cours d'esthétique; mais, en l'absence de cet enseignement qui manque à la jeunesse, je me permettrai de remarquer que les arts ont aussi leur philosophie, qu'ils parlent une langue toujours vivante, qu'ils ont brillé chez les étrangers autant que leur littérature, et, puisqu'il s'agissait de comparer quelque chose, autant valait mettre en présence l'art antique et l'art moderne, comparer Phidias aux sculpteurs de l'empire romain, de la Renaissance et des temps modernes. On m'objectera qu'il y a un cours d'archéologie au collége de France. J'y entre, et je trouve cinq érudits qui apprennent de M. Lenormant à interpréter les hiéroglyphes. Je demande qu'on maintienne ce cours, ne fût-ce que pour l'honneur du génie français qui a nom Champollion; mais qui osera prétendre qu'un gouvernement s'est acquitté envers les arts quand il a pourvu aux études de cinq égyptologues? Je ne conteste pas davantage l'utilité des cours de tibétain, de pali, d'hindoustani et autres langues étrangères, bien étrangères. Quand je visite leurs amphithéâtres déserts, je me dis qu'un ou deux auditeurs tenaces, qui s'acharnent à ces études, conservent à la France l'honneur de la persévérance dans ces recherches et des découvertes qui s'y font; mais je me dis aussi que, lorsque les arts étaient synonymes de luxe, on pouvait considérer l'enseignement de ces langues comme chose indispensable; aujourd'hui la situation a changé : le pali et l'hindoustani sont du luxe; la France est assez riche pour s'en passer la fantaisie, pourvu qu'elle songe à l'essentiel, à l'indispensable, à ce qui constitue la vie de l'intelligence : c'est aujourd'hui l'enseignement des arts. Le cours d'archéologie, devenu une chaire de philologie égyptienne, se fera

dorénavant par les conservateurs des collections égyptiennes du Louvre et
au milieu même des monuments, de manière à compléter l'épigraphie par
l'archéologie, l'étude de la langue par l'histoire des croyances et des mœurs.
La chaire vacante du collège de France sera remplie par un professeur
d'esthétique. Il ne suffit pas que les jeunes gens aient suivi le cours de l'histoire de l'art à l'École des beaux-arts, qu'ils en aient retrouvé un autre
d'un ordre supérieur dans les galeries du Louvre, un autre d'une nature
spéciale dans les salles gothiques de l'hôtel de Cluny et sous les voûtes inspirées de la Sainte-Chapelle, chacun à des points de vue différents ; il faut encore que l'esthétique couronne le tout, et que le professeur, regardant comme
connue la marche de l'art à travers les contrées, à travers les temps, et son
application pratique aux besoins des hommes, aborde une région plus élevée et fasse comprendre à un auditoire d'élite les conditions du beau et du
sublime dans leurs rapports avec la création et avec notre intelligence. Et
cependant un cours d'esthétique ne devra être professé qu'alors qu'un
homme supérieur réunira les rares qualités qu'il requiert ; car ces qualités
seules rendront cet enseignement fécond, en enflammant par l'éloquence
l'imagination de l'auditoire, en répandant surtout les idées sereines, les
principes immuables qui dégagent des engouements passagers de la foule
et n'attachent qu'aux vraies beautés de l'art. L'idéal du professeur d'esthétique, c'est le grand Léonard de Vinci ; mais supposez un prédicateur célèbre, un philosophe aimé, un poète populaire, ayant pratiqué les arts pour
étudier à fond ces grandes questions : ne seraient-ils pas désignés d'une voix
commune pour être les vrais professeurs d'esthétique ? Un cours de ce genre,
froid et monotone, est une perte de temps pour tous les auditeurs, et leur
ferait prendre en dégoût le beau et le sublime : pas un artiste qui n'ait
meilleur emploi de sa journée, pas un amateur qui n'apprenne plus dans
la galerie du Louvre ou dans les champs du bon Dieu ; mais un cours d'esthétique éloquent, enthousiaste, qui fait vibrer les grandes cordes du cœur
et passionne tout un auditoire par la commotion électrique d'une sympathie
puissante, un pareil cours est bon aux artistes, aux élèves, aux hommes du
monde. Tous en sortiront avec des idées plus larges, plus élevées. De même
qu'en voyage, après avoir gravi une montagne, on découvre tout à coup, du
milieu d'une atmosphère plus pure, des horizons plus étendus, de même
aussi, après avoir entendu les belles déductions du professeur d'esthétique,
on juge des arts plus sainement, on apprécie mieux leur but, on comprend
leur véritable portée, leur tendance future, leur avenir final. — L'intelligence doit-elle être parquée dans le coin de Paris dit le quartier latin ? —
Déplacement de la population depuis deux siècles. — Changement des habitudes. — Sur la rive droite de la Seine habitent aussi des hommes distingués, des femmes intelligentes, des jeunes gens qui ne demanderaient pas
mieux que d'apprendre quelque chose, et qui se disent toute l'année, chaque
fois qu'il est question des cours de quelque professeur de grand renom :
« Ah ! mais ce doit être intéressant, je veux suivre cet enseignement. » Puis,

quand vient le moment de mettre à exécution ces bonnes intentions, les distances, les heures, tout, en un mot, s'y oppose. Je crois qu'en empruntant une fois par semaine au collége de France, à la Sorbonne et au Conservatoire des arts et métiers leurs professeurs les plus agréables parmi les plus savants, en ouvrant les cours dans un local central, comme le serait le théâtre des essais, au milieu de la Chaussée-d'Antin, on attirerait à soi tout un monde qu'il importe d'arracher aux notions superficielles et aux préoccupations matérielles. Ces cours ne seraient pas plus mondains, pas moins graves que ceux du quartier latin et de la rue Saint-Martin; mais ils seraient offerts à la curiosité d'un autre public, dans son quartier et à ses heures. — Programme. — Les sciences, l'histoire, la littérature et les arts. — Enseignement populaire. — Je voudrais encore quelque chose. Quand les Morin, les Peligot, les Dupin, les Pouillet, descendent de leur chaire des arts et métiers aux applaudissements d'un millier d'ouvriers et de contre-maîtres, je demande que leur enseignement ait comme un appendice. Ils enseignent la chimie, la physique, la mécanique appliquées aux arts; pourquoi l'artiste ne viendrait-il pas occuper la chaire de l'homme spécial, ne fût-ce que pendant une demi-heure, pour clore la séance, comme le chœur qui, dans l'antiquité, servait de commentaire à la tragédie? Aucun enseignement ne s'adresse aussi bien à tous et à chacun que celui des arts : c'est le complément et le poli de l'éducation. — Mesures de même nature étendues aux départements. — Congrès scientifiques. — Tendre la main aux précurseurs de cette idée féconde, à des hommes dévoués comme l'est M. de Caumont. — LA CRITIQUE DANS LES ARTS. — Elle pouvait être salutaire, elle a été malfaisante. — Son histoire dans les temps passés. — Sa forme et ses allures depuis Diderot. — Elle devient l'alliée de la liberté de la presse, car chacun s'est dit, après avoir lu les Salons de Diderot: « Puisque la critique des arts n'est pas plus difficile que cela, je vais en faire. »—Antécédents de nos critiques.—Revue des doctrines. — Nullité des études. — Limite bornée des investigations et des moyens de comparaison. — Exceptions honorables. — Tandis que les pamphlets publiés au XVIIIᵉ siècle, à l'occasion des expositions, s'imprimaient à cent exemplaires et n'étaient pris au sérieux par aucun des membres de l'ancienne aristocratie qui protégeaient les arts, la presse alla dans toutes les mains, et exerça une domination d'autant plus grande que les artistes comprirent bientôt l'influence que ses jugements avaient sur le public, par suite sur leur réputation, et en définitive sur le débit de leurs ouvrages. Les uns allèrent au-devant de ses caprices, les autres au rebours de leur voie naturelle, rien que pour contrecarrer ses décisions. Ah! je ne suis pas coloriste; ah! je suis trop calme, trop esclave de la ligne! tu vas voir. Et la palette de se jeter dans des excès de couleur, et l'ébauchoir d'oublier le respect que la terre glaise doit à son frère aîné le marbre. On ne sait pas assez la tyrannie que les écrivains ont fait peser depuis trente années sur les artistes, sur ceux-là mêmes qu'un talent élevé devait mettre plus complètement à l'abri de leurs coups. Ingres, Paul Delaroche, A. Scheffer, lui ont répondu en s'enfermant dans leur tente, l'illustre Gros en se jetant dans la rivière. Chez les anciens, le goût public étant formé, la critique se faisait tout haut et par tout le monde; un artiste consommé et de grand renom osait seul se faire l'interprète de l'opinion publique. Il en sera bientôt ainsi parmi nous; mais dès aujourd'hui la carrière de la critique devrait être fermée aux littérateurs, qui ne savent rien des arts, et aux artistes manqués, qui en savent trop; elle restera ouverte, non pas aux artistes de génie, qui s'en acquitteraient mieux que tous autres s'ils n'avaient pas un meilleur emploi de leur temps, mais aux hommes de savoir et de goût qui, après avoir pratiqué les arts avec passion, ont conservé assez de loisir pour longue-ment étudier, beaucoup voyager et recueillir, au contact de l'histoire de tous les temps, dans l'étude des productions de toutes les écoles et dans le commerce des artistes contemporains, cette expérience calme qui donne aux jugements une autorité sérieuse en affranchissant l'esprit du goût mal-sain des innovations, de la fantaisie des paradoxes et du besoin de briller aux dépens de la justice. Ces nouveaux critiques auront l'indulgence qui donne aux artistes la confiance; ils auront cet enthousiasme de bon aloi qui, dans l'examen de toute œuvre, va droit aux qualités sans se soucier des dé-fauts. L'art est un rude labeur; le plus robuste athlète ne traîne son char, sur la montée rapide, qu'au prix des plus grands efforts. La critique doit-elle s'atteler devant ou derrière, activer ou ralentir la marche, ajouter aux difficultés ou les faire disparaître, tresser des couronnes enfin ou don-ner le coup de mort? La critique nouvelle viendra en aide aux arts, elle puisera dans leur histoire et dans sa propre expérience les principes im-muables, supérieurs aux caprices du jour et aux entraînements de la mode. — LIBERTÉ ET GRATUITÉ DES ENTRÉES. Nos rois ont gâté la France, et la France est, sous certains rapports, trop vieille pour qu'on songe à refaire son éducation. — Le Français est habitué à entrer librement, gratuitement, dans les palais, collections et établissements appelés tantôt royaux, tantôt nationaux, dans les cours publics, dans les expositions de tous genres. Parce qu'il paye ses contributions, il croit que l'État doit lui donner des routes bien entretenues et des musées richement garnis, une police vigi-lante et des professeurs distingués. — Reste à savoir si l'État agit sagement en étant aussi libéral, si les générosités de la bourse commune sont com-pensées par le profit que trouve la nation entière dans cet enseignement quotidien mis à la portée de tous. — Le doute n'est pas possible. — Il y va de l'honneur de la France de continuer ces nobles traditions. — Les ar-tistes ont été les premiers, je le sais, à faire marchandise de l'exposition de leurs œuvres. Zeuxis imposa un droit d'entrée à tous ceux qui vinrent voir dans son atelier le fameux tableau d'Hélène, et David recueillit 65,627 francs à montrer pendant cinq ans (de nivôse an VIII à prairial an XIII) l'*Enlève-ment des Sabines* dans la salle du Louvre, qui se trouvait à côté de son atelier. — Ces faits ne doivent pas être donnés en exemple; on pourrait leur opposer plus d'un acte de désintéressement. L'État, d'ailleurs, ne songe pas seulement à gagner de l'argent; il sait qu'il est des dépenses fructueuses, et il a pour guide les hautes préoccupations.

MAINTIEN DU GOÛT PUBLIC PAR LES BELLES PUBLICATIONS À BON MARCHÉ.

L'État, ai-je dit plus haut, doit à l'enseignement public les meilleurs modèles de dessin; il les donnera gratuitement aux pauvres, il les vendra à bas prix aux riches, car sa spéculation est toujours bonne, quoiqu'il y perde, s'il améliore le goût public. — Faire pénétrer partout le goût délicat de la perfection, chasser de partout une tendance naturelle à la vulgarité. — Retirer son initiative aussitôt que le bon exemple est suivi par l'industrie. — Quels sont les besoins de la nation? Une publicité immense qui mettra, pour quelques centimes, dans les mains de tous les chefs-d'œuvre du génie que les gens de loisir et les riches pouvaient seuls posséder ou étudier dans les galeries étrangères. — Le peuple lit beaucoup, mais il lira davantage, et les images seront toujours sa lecture favorite. C'est par les yeux qu'on l'instruit, disait Horace, c'est par les yeux que le moyen âge lui enseignait sa religion et son histoire; nous lui apporterons de nouveau cette assistance. Un journal en images se prend et se quitte, c'est le véritable livre des moments perdus. L'ouvrier le regardera pendant les courts instants de ses loisirs, et si ses yeux s'arrêtent sur une belle œuvre, bien rendue, il fixera dans sa mémoire un souvenir plus durable que ne le serait une longue lecture, ou, comme il le dit, *de grands mots*. Aux jours de fête, ou quand la vieillesse conseille le repos, il prendra des livres illustrés. Ces livres n'ont fait leur temps que pour les esprits délicats qui interprètent le texte mieux que l'artiste. N'oublions pas que telles illustrations de la Bible satisfont les lecteurs qui la regardent, si même ils choquent ceux qui la lisent; ne perdons pas de vue non plus que nous sommes à l'aurore de la publicité populaire. Le papier est trop cher, et on trouvera quelque plante filamenteuse qui, cultivée en grand, donnera un papier excellent à 50 p. o/o meilleur marché; l'impression mécanique est lente; on trouvera moyen d'en décupler l'action, si bien que nos petits-enfants auront des in-8° de 500 pages à 50 centimes et des in-12 à 25. — La librairie a-t-elle répondu à ces besoins? s'apprête-t-elle à y répondre? Elle a baissé ses prix, elle a multiplié les publications illustrées, et un nombre prodigieux d'acheteurs a répondu à sa hardiesse. Sont-ce les modèles de la littérature qu'elle répand ou des œuvres littéraires sans valeur? Sont-ce les chefs-d'œuvre de l'art qu'elle propage par la gravure sur bois, ou les misères et les vulgarités de talents faciles dépourvus de vraie originalité? Je le demande à tout homme de goût. — Exceptions honorables. — La bibliothèque Charpentier, le Magasin pittoresque, l'Illustration, etc. etc. — Ces publications s'adressent aux classes élevées et aux classes moyennes,

ce n'est pas l'œuvre du peuple. A qui celle-ci est-elle confiée? — Allez à Épinal, à Metz, à Nancy, à Montbéliard, à Strasbourg, dans la rue Saint-Jacques à Paris, et vous verrez sortir de sales officines les ignominies qui rem-
plissent la balle des colporteurs sous le titre d'Almanach liégeois, de Mes-
sager boiteux, de Vies des saints, de Stations de Jérusalem, de chansons,
anecdotes et bons mots. Telle est la bibliothèque, telles sont les gravures
qui depuis un demi-siècle salissent l'imagination et le goût des populations
de nos campagnes, en ridiculisant par un langage grossier et des dessins
sauvages, rehaussés d'un coloriage criard, toutes les légendes faites pour
remuer le cœur, les hauts faits de l'histoire, les tableaux de nos glorieuses
batailles, les images des vertus et des dévouements. Un gouvernement pa-
ternel et prudent étouffera cette librairie, si elle ne crie grâce en s'amen-
dant, et, pour qu'elle s'amende, il fera fabriquer par des artistes et des écrivains, par les premiers graveurs et les meilleurs imprimeurs, des masses cor-
respondantes de bons livres qui, avec les mêmes titres, la même apparence
extérieure, feront passer à un prix plus modique la distinction de l'esprit et
la perfection de l'art à la place de leurs contraires. Il y a là une œuvre grave
à accomplir, et il faut profiter de cette grande extension de publicité pour
sauvegarder le bon goût et faire avec le style une concurrence à mort à la
vulgarité. — Bibliothèques communales de 30 résumés. — Bibliothèques
cantonales de 300 volumes, offrant le tableau de nos connaissances et
l'élite de notre littérature. — Appel aux lettres, aux sciences, aux arts et à
l'industrie pour composer, avec le concours du clergé, cette encyclopédie
populaire du XIXᵉ siècle. — Avec 37,040 communes pour souscripteurs,
l'État n'a rien à donner que son adhésion. — Livres illustrés. Avec les pré-
tendues illustrations mises en circulation par nos libraires depuis vingt ans,
on a sali plus de livres qu'on n'en a orné, on a troublé l'esprit du lecteur plus
qu'on ne l'a aidé à comprendre son auteur. — Demander à Hébert un
Horace, à Gérome un Virgile, à Eug. Flandrin un Homère, à Decamps une
Bible de Royaumont, puis abandonner ces coûteuses compositions à l'éditeur
honorable qui consentira à faire avec elles de beaux livres à bon marché. —
Beaux-arts. — Les modèles de dessin, j'en ai traité à la page 613 de mon
rapport. — Les publications populaires. — Le 7 nivôse an II, un décret de la
Convention ordonne qu'une gravure représentant la mort du jeune Barra
sera envoyée dans les écoles primaires, pour apprendre aux enfants que le
dévouement à la patrie est un devoir. — La Convention a fait de plus mauvais
décrets que celui-là. — L'État fera parvenir aussi dans toutes les communes de
la France les grands faits de nos guerres, les actions d'éclat de nos soldats,
les actes de dévouement de tous les citoyens, les portraits des hommes
chers à la patrie, tout ce qui va au cœur, tout ce qui est digne d'enflammer
l'enthousiasme patriotique. Les Vernet, Bellangé, Raffet, Yvon, Decamps,
et tant d'autres dont le talent est devenu populaire parce qu'il est sympa-
thique aux masses, dessineront ces grandes scènes sur bois, et les graveurs
les rendront en fac-simile, ou bien ils les peindront, et leurs élèves les exé-

cuteront sur bois, à plusieurs rentrées, de manière à les reproduire en couleur dans une vive harmonie de tons, qui donnera une idée juste des originaux. Un million d'épreuves identiques, et plus encore s'il le faut, seront fournies en peu de jours par la typographie associée à la galvanoplastie, et ces belles gravures se vendront dix centimes. On les affichera entre le Moniteur des communes, qu'on devrait lire, et les annonces d'adjudication, qu'on ne lit pas. Ces proclamations parlant aux yeux auront pour les gens de la campagne l'éloquence qu'ils comprennent, et un second exemplaire, conservé à la mairie, formera tous les six mois un fascicule qu'on prêtera aux habitants pour servir de distraction, à la veillée, dans les familles. Ce n'est pas assez : les plus beaux tableaux de toutes les écoles, anciennes et modernes, ainsi reproduits, iront jusqu'au fond des plus misérables hameaux égayer les murs nus des cabanes. La Cène de Léonard, la Transfiguration de Raphaël, les Vierges de Murillo, les Pestiférés de Jaffa et la Bataille d'Aboukir de Gros, l'Assaut de Constantine de Vernet et la Victoire de l'Isly remplaceront d'effroyables caricatures bariolées. — Les travaux d'art du Gouvernement, exécutés à Paris et dans les grandes villes, seront ainsi représentés par les architectes mêmes chargés de ces travaux. — Des chemins de la croix dessinés en Orient sur les lieux, et animés de scènes évangéliques par Orsel et Perrin, des légendes, des contes populaires, des calendriers illustrés par Gavarni, Daumier, de Noé, et tant d'autres que je ne cite pas, mais auxquels chacun pense. — Pas un artiste qui ne se sentît honoré d'une tâche aussi utile, pas un qui ne donnât un caractère plus élevé à son talent en comprenant la part qu'il prend à cette grave mission de l'enseignement public. — Autres influences. — Au lieu du type ridicule consacré pour les cartes à jouer, en adopter un autre plus noble et aussi fixe, afin de mettre sous les yeux du peuple, même au cabaret, d'élégantes figures au lieu d'affreux magots, qui n'ont pas même pour eux le mérite d'une haute antiquité et le style caractéristique d'une époque. — L'impulsion donnée, chacun se mettra au pas. — L'industrie d'Épinal et autres lieux se réformera pour échapper à la ruine; les éditeurs d'estampes, de livres, de publications illustrées, de gazettes de modes, seront stimulés et par cet exemple et par le réveil du goût public. — L'art grandira sur une base élargie et solide. — Les puissantes compagnies industrielles voudront qu'on distingue leurs actions autant par la beauté du titre que par la valeur de l'affaire, et qu'un luxe distingué répandu en toutes choses annonce leur prospérité. — Quelque Denière, un Taban futur, demandera aux Delaroche ou aux Messonnier de l'avenir l'entourage de leurs cartes d'adresse, qu'ils feront graver par les Mercuri et les Calamatta de leur temps. Rien qu'en voyant ces adresses, on saura qu'on a affaire à un homme de goût. — Autres procédés reproducteurs qui peuvent également servir à la propagande. — Grands moulages en plâtre, légers comme le carton-pâte. — Les ateliers de l'École des beaux-arts, en répandant presque gratuitement dans toutes les écoles de la France d'excellents moulages d'après les chefs-d'œuvre de l'art, obligeront les mouleurs italiens, détestables gâcheurs qui conservent la spécialité de ce colportage dans nos campagnes, à choisir mieux leurs modèles. On leur cédera à bas prix des exemplaires de choix de diverses réductions des chefs-d'œuvre de la sculpture; on fera pour eux des Vierges dignes d'adoration, des bon Dieu vénérables, et toute une série de saints qui éviteront au moins le ridicule. Ils surmouleront ces bons modèles, et iront les débiter jusqu'au fond des plus pauvres hameaux. — MONNAIES, MÉDAILLES ET JETONS. Ce sont les agents les plus actifs de la propagation du bon goût; ils circulent en tous lieux et pénètrent partout. — Les villes de la Grèce tenaient à honneur d'émettre la plus belle monnaie pour propager au loin, avec leurs noms, l'idée de haute civilisation, synonyme de puissance. — Les villes des colonies grecques rivalisaient avec les villes mères, la Sicile avec la Macédoine. — Les anciens avaient compris que la médaille allait plus droit et aussi sûrement à la postérité que le livre, car il y a toujours quelques exemplaires qui échappent au désastre, qui surnagent au naufrage, et, quand les nations qui ne savent plus lire succèdent, comme en Asie, aux nations qui ont écrit, quand elles ont brûlé les monuments de leurs ancêtres, brisé ou fondu leurs statues, les médailles se conservent, les unes en bronze dans la terre, les autres en or et en argent, enfilées en colliers ou suspendues en boucles d'oreilles et portées par les femmes. Les sculpteurs les plus renommés s'appliquaient à la gravure des médailles, des pierres gravées et des camées. La présence des mêmes noms sur les unes et sur les autres prouve que les mêmes artistes, en délaissant momentanément la grande sculpture, transportaient dans cette sculpture en miniature une hauteur de style et un savoir profond, qui semblent prendre plus de puissance en se condensant dans de si faibles proportions. Les Romains s'ingénièrent par tous les moyens à remplacer le procédé si simple de l'imprimerie, qu'ils ne purent trouver, quoiqu'ils en eussent dans les mains tous les éléments, quoiqu'ils le cherchassent certainement, car ils en avaient dans leur immense administration un impérieux besoin. A défaut d'imprimerie, ils reproduisirent à coups de marteau sur des médailles les événements dont ils croyaient utile de répandre et de perpétuer le souvenir : les victoires de la guerre et de la palestre, les grands travaux d'utilité publique, les monuments magnifiques de la ville éternelle, tous les faits, en un mot, qui constataient leur force, l'étendue de leur puissance et la vigilance de leur immense administration. — Le goût des médailles traverse les siècles. — Sceaux du moyen âge. — Grands médaillons des xvᵉ et xviᵉ siècles. — On en fait à Lyon qui respirent le grand art et sont comme un reflet de l'atelier des Pisans. — Benvenuto Cellini grave la médaille de François Iᵉʳ. — Tous les Valois se préoccupent, autant qu'Alexandre le Grand, de leurs portraits et de la beauté de leurs médailles. — Henri III, Germain Pilon et François Clouet. — Médaillon de Marie de Médicis gravé par Dupré, en 1624, dernier témoignage de ce grand art. — Le goût de la perfection l'abandonne et la mécanique le tue. — En 1640, de Chambray, qui comptait pourtant au nombre des gens de goût de son temps, vante les nouvelles qualités de précision obtenues par la machine, et qui sont devenues si fatales aux médailles. — L'empilage, condition rigoureuse de la monnaie. — La virole, perfectionnement mécanique. — L'art ne fut pas chassé des médailles, mais son champ a été tellement limité, qu'il y peut à peine faire preuve d'existence. — Étude des médailles commandées par l'État depuis 5o ans et des jetons faits pour les particuliers dans le même espace de temps. — Impression de profond découragement. — Le saint Georges de Pitrucci, supprimé de nos jours, et remplacé sur les souverains par d'insipides armoiries, a été le dernier exemple d'une monnaie artiste; la tête de la République d'Oudiné restera aussi comme le témoignage des ressources qu'un sentiment élevé et un burin délicat peuvent trouver dans les deux ou trois millimètres d'épaisseur laissés au talent par les exigences de l'empilage. — Le véritable art du sculpteur et du graveur en médailles est donc perdu, et je ne sais aucun symptôme plus affligeant, plus humiliant, de l'infériorité des modernes comparée sous ce rapport à la supériorité des anciens. Nous pouvons nous faire illusion en architecture, en sculpture, en peinture; mais, quand il s'agit de médailles, de camées et de pierres gravées, notre défaite est honteuse, car nos productions sont indignes de peuples civilisés. — Moyens de faire renaître ce grand art en remettant les camées et les pierres gravées à la mode, en donnant une large extension aux médailles et aux jetons de présence. — Le monde tend à l'unité de la monnaie la plus insignifiante, mais les médailles et les jetons peuvent rendre une libre carrière à l'imagination de nos artistes. — Rétablir l'usage de distribuer des médailles, ne pas souffrir qu'on les remplace par un ignoble sac d'écus ou par un chiffon de papier graisseux payable à la banque de France. — La médaille n'est pas seulement une rémunération, c'est aussi un titre d'honneur qui doit rester dans la famille. — Style qui convient aux médailles. — Faciliter la connaissance des médailles antiques par des imitations en soufre et par le procédé de M. Cavelier, de Caen. — Exclure le genre pittoresque adopté au xviiᵉ siècle. — Imiter les Grecs, qui évitaient les sujets compliqués. — S'agit-il de médailles de course? Que fait-on des tableaux de l'hippodrome? Je préférerais la tête du cheval vainqueur, accentuée comme Phidias nous en a donné le modèle. — S'agit-il de comices agricoles? Voyez comme les sculpteurs grecs rendaient sur leurs médailles les animaux les plus humbles. — Médailles de sauvetage, d'actes de dévouement, toutes inspirées par le fait même auquel elles se rapportent. — Les jetons de présence sont devenus si laids, leur effigie si banale, si vulgaire, qu'on a préféré une pièce de cinq francs. — Donnez un bon exemple. — Vos commissions gratuites deviennent désertes, ranimez l'exactitude par des jetons de présence. N'eussent-ils qu'une valeur minime, si vous la rehaussez par la beauté de l'exécution, si vous en renouvelez souvent les types qui peuvent trouver dans l'allégorie mille motifs pour exprimer le sujet de la réunion, on viendra les chercher assidûment.

— L'État ne se contentera pas de distribuer ses médailles et ses jetons dans les occasions déjà en usage, il en créera de nouvelles et de fréquentes. — Ses médailles, étant des objets d'art, vaudront plus que leur poids, et se conserveront comme des objets précieux; les grandes se placeront en évidence dans l'habitation, les petites se porteront au cou et dans la coiffure, comme des bijoux. — C'est ainsi qu'on marque une époque et qu'on donne une impulsion. — Les sociétés de sciences, d'industrie, de bienfaisance, des arts, sont innombrables; ajoutez-y les chambres et tribunaux de commerce de toutes les villes, les prud'hommes de toutes les catégories, les conseils d'hospice, de santé, de municipalités, de cercles et casinos, etc., tous ou presque tous ont leurs médailles et leurs jetons de présence. — Étude des médailles et jetons des sociétés privées. — Monotone et plate insignifiance de cette longue série depuis 50 ans. — Mais, quand l'État distribuera de belles médailles, des compagnies industrielles consacreront 20,000 francs pour que leurs jetons de présence répandent partout une grande idée de leur prospérité, et conservent par leur mérite d'exécution un prix plus élevé que leur valeur intrinsèque; les autres sociétés les imiteront, chacune dans la proportion de leurs moyens; le clergé aussi voudra que ses médailles commémoratives de jubilés, indulgences, communions, mariages, allient la beauté de l'art aux charmes des souvenirs. — On étendra cette bienheureuse réforme, ou plutôt, une fois entreprise, elle s'étendra d'elle-même, à la gravure des timbres, à l'ornementation des plombs de douane. — Petits moyens de propagande du bon goût. — Il n'en est aucun à dédaigner. — La terre de pipe est une admirable matière, la pipe un objet qu'on a continuellement sous les yeux. — Il se fabrique annuellement à Saint-Omer, dans les Ardennes, dans le Nord, dans l'Ille-et-Vilaine, 200 millions de pipes; celles qui sont ornées sont d'affreuses caricatures. Donnez ce thème à un artiste de talent, et il trouvera dans le petit espace laissé autour du foyer de la pipe une place suffisante pour des figures gracieusement posées, pour des types de têtes accentués dans un caractère noble et dans une expression vraie. — Différentes industries qui comportent ce genre d'intervention, différentes influences qui peuvent exercer une bonne propagande. — Les spectacles en plein vent, les musées forains et les colporteurs. — On fera copier par de jeunes artistes les meilleurs tableaux de nos peintres populaires, les batailles d'Horace Vernet par exemple, et on donnera ces bonnes répétitions aux entrepreneurs de spectacles ambulants qui courent les foires. Ils intéresseront le peuple à des faits mémorables dignement représentés, au lieu de lui laisser dans la mémoire des turpitudes, des crimes et toutes sortes de sauvageries qui semblent peintes par les sauvages eux-mêmes. — D'autres entrepreneurs de spectacles forains promènent dans nos campagnes des lions pelés, des éléphants galeux, et des monstruosités naturelles qui n'apprennent rien à personne; on leur donnera en dépôt et on renouvellera de loin en loin des séries de belles gravures, des objets d'art et d'excellents tableaux modernes, qu'ils transporteront et feront goûter jusqu'au fond des plus pauvres hameaux, jusqu'au haut de nos montagnes, tous lieux qui échappent à la sollicitude la plus dévouée, à l'influence la plus puissante. — Les colporteurs sont les intermédiaires entre l'éditeur et l'acheteur, entre l'État et le paysan. — Chiffre des colporteurs. — Organisation. — Ils sont souvent plus immoraux dans leur conduite, plus grossiers dans leurs propos, que les livres et gravures qu'ils vendent sous main ; mais, du moment où toutes les carrières sont obstruées, du moment où, par l'impulsion donnée aux publications populaires, aux gravures et aux moulages à bon marché, le métier de colporteur sera devenu lucratif, exigez de ceux qui en exercent le privilége une certaine culture, un don d'éloquence naturel, quelque talent musical pour chanter la complainte ; élevez l'homme au niveau de l'importance nouvelle de sa mission. — Encouragements aux plus intelligents, médaille d'honneur du colportage décernée par les préfets.

MAINTIEN DU GOÛT PUBLIC PAR LES SPECTACLES.

THÉÂTRES. Considérations générales. Le théâtre était envisagé chez les Grecs comme un moyen d'enseignement, d'utile propagande, de civilisation bienfaisante. L'accepter ainsi, et, pour répondre aux besoins démocratiques de la société nouvelle, ouvrir d'immenses théâtres. — Les innovations modernes semblent nées de cette participation du grand nombre à toutes les jouissances. — Paquebots énormes, convois indéfinis de chemins de fer, omnibus de cent voyageurs. — A leur tour, les théâtres renouvelés contiendront 30,000 spectateurs commodément assis, voyant bien le spectacle et entendant parfaitement les acteurs. Nous voulons plus encore, car le velamen de l'antiquité est un abri médiocre à côté des ressources de tous genres offertes à nos architectes par les nouveaux matériaux de construction. 30,000 spectateurs préservés de la pluie et du vent, de la chaleur et du froid, ventilés en été avec des courants d'air mêlés aux senteurs de toutes les fleurs, échauffés en hiver par des courants de chaleur tiède et parfumée. — Le public parisien, qui se compose de l'élite du monde, a droit à de beaux et bons théâtres, car il leur jette chaque année 20 millions, et il leur en donnera bientôt 50. Répondent-ils à ces générosités de grand seigneur? On pourra le croire, si l'on compte les théâtres, les acteurs, les pièces représentées chaque année ; on protestera ; si l'on a le moindre souci de ses aises, le plus faible sentiment de la distinction et du style dans l'architecture, le goût de l'originalité dans les nouveautés et de la vraie gaieté dans les bouffonneries, de l'esprit de bon aloi dans les comédies, de la grâce inspirée par la nature dans les ballets, de l'âme, du talent, du génie, dans les drames, opéras et tragédies.—Toutes les fois que le peuple a compté, on lui a donné de magnifiques théâtres. Les Grecs lui construisaient des théâtres en marbre de la plus belle architecture, où il venait entendre les chefs-d'œuvre des poëtes, entouré des chefs-d'œuvre de la peinture et de la sculpture. Les Romains lui offraient, dans des cirques et dans des hippodromes immenses, les combats d'animaux et les courses de chars. Tant que ces nations furent dignes d'elles-mêmes, ces spectacles excitèrent les plus nobles sentiments, le sentiment du beau dans les arts et l'enthousiasme guerrier. Pourquoi laisser se perdre ces moyens faciles d'une influence féconde? — La construction des grands théâtres ne devrait être confiée qu'à l'architecte le plus ingénieux et le plus artiste parmi les plus habiles (voir plus loin, p. 74). — Le théâtre est un enseignement qui développe la morale, l'esprit, le goût par les lettres, l'harmonie et le plaisir des yeux. Donnez au peuple le moyen de s'y distraire à bas prix, et souvent d'y entrer gratuitement. — Périclès payait sur la caisse publique l'entrée des citoyens pauvres dans les théâtres d'Athènes, et, à son imitation, toutes les municipalités de la Grèce prirent à leur charge cette utile distraction du peuple. Je ne parle pas des libéralités impériales chez les Romains, elles avaient un but plus politique que moral; je remarquerai seulement que nos dix théâtres contiennent 15,000 spectateurs, et que Rome en mit 87,000 à l'aise dans le Colisée seul. — DES DIRECTEURS. Placer à la tête de vos théâtres des hommes convaincus, celui-ci de l'autorité de la musique, celui-là des vrais principes de toute saine littérature, tous de la dignité de l'art, et, si l'on vous dit que tel directeur a fait de plus grosses recettes que son prédécesseur, cherchez, non pas au fond de sa caisse, mais dans son répertoire, ce qui restera de sa gestion.—Direction littéraire. — Mélange heureux qui satisfait le goût tenace des beautés éternelles et les goûts passagers des gentillesses de mode —THÉÂTRES FRANÇAIS. Premier, second et troisième théâtre Français.— Le théâtre Français reprendra sa mission. Il est la bibliothèque dramatique que la génération actuelle ne lit pas, et qu'il lui récite avec tout le charme, toute la séduction capables de faire accepter de vieux chefs-d'œuvre. Qui lit Rotrou? pour n'en citer qu'un parmi les bons. Faites en sorte qu'on vienne l'entendre dans votre théâtre.— Ainsi l'enfant accepte la boisson salutaire dont vous savez dissimuler l'amertume. — Mais, pour bien jouer les œuvres du génie, il faut être presque un génie soi-même : aussi, quand les Talma, les Mars, les Rachel, viennent au secours de Néron, de Célimène et de Phèdre, tuez le veau gras, fêtez la bonne venue et ne reculez devant aucun sacrifice pour conserver aux lettres ces divins interprètes. —On médit des caprices de Mlle Rachel, de sa tyrannie, de tous ses travers enfin; l'État ne doit se souvenir que d'une chose, c'est que Corneille, Racine, Voltaire et nos illustres écrivains revivent en elle, et en elle seulement. Quel artiste, un peu grand, ne porte pas ses défauts au niveau de ses succès, ses caprices à la hauteur de son génie? Jules II ne voyait dans Michel-Ange que son talent, il oubliait sa brutalité; et, quand l'artiste parvenait à s'enfuir de Rome, il menaçait la ville de Florence de l'excommunier et de lui déclarer la guerre, si elle ne rendait pas son peintre à la chapelle Sixtine. L'histoire des arts est pleine des méfaits de ces grands artistes, et des preuves de mansuétude des papes, des souverains et d'un public non moins intelligent qu'enthousiaste, non moins épris du talent que sourd aux menées de l'envie. M᷂ᵉ Rachel sert les lettres et elle protége aussi les arts. Inspirée par ce sentiment antique qui vit dans tous les chefs-d'œuvre de notre littérature, elle les interprète non pas seulement par sa savante diction, mais aussi par la noblesse de la pose, la grandeur du geste, la distinction des attitudes et les ajustements incomparables du costume. — A une autre époque, dans d'autres contrées, cette femme eût eu des statues sur la voie publique et dans les temples. — Utiliser ces rares intelligences en se tenant à l'affût des moindres tendances favorables au style et des jeunes talents qui, par une pente naturelle, sont disposés à s'y associer. — Sophocle et Euripide remis sur un piédestal digne de leur génie. — Aucun détail négligé dans ces résurrections de l'art antique, car il suffit d'un détail fautif pour faire trébucher ces essais. Mais, quand on saura que MM. Boissonade, Rossignol, Lebas, ont vérifié la traduction de MM. Ponsard et Augier; que MM. le duc de Luynes, de Saulcy, de Rougé, ont présidé à la mise en scène et au choix des costumes; que MM. Hittorf, Paccard, Maxime du Camp, ont dirigé les peintres décorateurs; que MM. Mérimée, Ampère et Patin ont surveillé les mille détails de la vie privée et des usages, alors l'attention sera confiante et respectueuse au milieu des étrangetés, et, à moins d'un obstacle imprévu, comme un Oreste nasillard ou une Électre grasseyante, le succès sera assuré et d'une véritable portée. Il n'y aura que vingt représentations, car il faut limiter ces plaisirs exceptionnels comme on enchâsse des pierres précieuses; mais, pendant la durée de ces représentations, on ne parle que de cela, la conversation des gens du monde s'en nourrit, l'imagination des artistes s'y échauffe, les modes elles-mêmes s'inspirent de la noblesse des ajustements et se plient à cette élégante simplicité. Cela fait, on abandonne décoration et poëme, sans réserve de droits d'auteurs, à l'entrepreneur quelconque d'un théâtre de boulevard, qui tire alors parti d'un succès sanctionné par l'élite de la société et rend populaire jusque dans les provinces ce qui, tenté par le premier venu, écrivain ou directeur de théâtre, n'eût inspiré que dédain et pitié pour cette sublime antiquité. — Mais après ce succès on ne se croise pas les bras, on recommence autre chose, marchant au même but. — Le problème ne change pas; combattre ce qui monte d'en bas, répandre et généraliser ce qui descend d'en haut. — Notre premier théâtre tragique ne doit pas être seulement le Louvre des vieux maîtres, il est encore le musée du Luxembourg des maîtres vivants. — Moyens de stimuler les auteurs en proportionnant les moyens d'exécution au talent. — Unité d'impulsion en embrassant les différents genres dramatiques dans une même action dirigeante. — Nous avons un second théâtre Français, l'Odéon, qui est trop indépendant du théâtre de la rue de Richelieu. — Public particulier, la jeunesse des écoles. — Que lui faudrait-il? l'ancien répertoire joué par des artistes de talent, et les pièces nouvelles dont le mérite aurait été consacré par un public d'élite. — Que lui donne-t-on à entendre? — Historique des vingt années dernières. — Des tragédies dont le théâtre Français n'accepte pas même la lecture

devant son comité; des comédies tellement osées, qu'il n'ose pas les jouer.
On traite la jeunesse comme l'*anima vilis* sur laquelle on fait les essais. —
Toutes les excentricités de la littérature interprétées par des acteurs inex-
périmentés, partant exagérés. — Mauvais drames et mauvais acteurs, qui
faussent le goût de la génération nouvelle. — Il est vrai que, si un acteur
de l'Odéon marque quelque talent, si un drame joué à ce théâtre dévoile,
sous le faux brillant de la mode, quelques qualités réelles, on accapare
acteur et drame au premier théâtre Français, laissant son frère cadet re-
cruter d'autres commençants, tenter d'autres essais. — C'est là un mauvais
jeu, qui, loin de maintenir le goût public, le corrompt à sa source. — Organisation nouvelle. — On associera, sous une direction générale et sous un
chef supérieur commun, le théâtre Français, l'Odéon et le Gymnase. —
Pour ces trois théâtres un seul comité de lecture, trois troupes distinctes
mais associées; association qui permet d'assigner telle pièce à tel théâtre,
d'empêcher les auteurs d'écrire en vue d'un acteur ou d'un public, qui
permet aussi de distribuer les rôles non pas suivant les nécessités d'un
théâtre, mais conformément aux exigences de l'art. — Le théâtre Français
resterait le représentant de l'art dans sa pureté; le second théâtre, partici-
pant de ses meilleurs éléments, aurait sans doute un caractère plus jeune,
mais serait une véritable école de goût pour la jeunesse; le Gymnase enfin,
tout en conservant l'ensemble qui fait son principal mérite, donnerait parfois aux deux autres théâtres des acteurs qui leur font défaut et recevrait, à
son tour, de ses associés des renforts pour ranimer sa verve, relever son
genre et l'empêcher de tomber dans la manière. — Le comité de lecture de
cette grande direction, composé d'hommes éminents, recevrait des jetons
de présence de 20 francs et disposerait de 30,000 francs pour les distribuer
chaque année en prix et en pensions, c'est-à-dire pour donner au succès
sa juste récompense, et au jeune talent, qu'on écarte afin qu'il mûrisse, les
moyens d'étudier sans produire, c'est-à-dire sans se fausser le goût dans les
bas-fonds littéraires. Cette grande troupe, ces trois théâtres unis, loin d'a-
baisser les autres, les relèveraient, car le directeur serait autorisé à faire
jouer sur les petits théâtres, en l'annonçant ou à l'improviste, entre deux
plats vaudevilles, quelques belles scènes de son répertoire. Mlle Rachel
venant dans sa solennelle simplicité aux Folies-Nouvelles, aux Délassements-
Comiques, parler au nom d'Athalie et de Pauline, ou réciter bonnement
les deux Pigeons, cette simple histoire, impressionnerait ce public d'une si
étrange façon, que le second acte de la pièce, qui faisait pleurer de rire,
ferait pleurer d'ennui et de dégoût. — LES ACTEURS. Les auteurs, depuis
Plaute jusqu'à Shakespeare et Molière, les auteurs dramatiques étaient
acteurs et jouaient dans leurs pièces, c'est-à-dire qu'ils composaient avec
l'expérience du métier, avec la pratique journalière des ressources et des obli-
gations de la scène. Nous qui désirons revoir des orfèvres travaillant sur des
modèles composés par eux, nous croyons que l'art ne perdrait rien à être
encouragé dans cette voie. — Iffland, Garrick, Baron, la Champmeslé, les

Poisson, Dancourt, Monvel, Pigault-Lebrun, Picard, Duval, Mlle Brohan, Samson et Régnier. — Se reporter à l'organisation du Conservatoire de musique et de déclamation (page 550). — LES COSTUMES. L'archéologie la plus rigoureuse est de mise dans les trois théâtres Français. — La fantaisie peut se permettre à l'Opéra tous les écarts; aux théâtres associés pour relever la tragédie et la comédie, l'étude doit imposer rigoureusement le résultat de ses recherches consciencieuses. Un anachronisme trouble l'attention en détruisant toute illusion. Quand Auguste dit : *Prends un siége, Cinna,* je ne veux pas voir le favori de l'empereur s'asseoir dans le voltaire de mon coin du feu; autrement je ris, et la belle scène de Corneille est perdue pour moi. Un musée scénique serait formé pour les trois théâtres, sous la direction de l'artiste distingué qui aura consacré sa vie à l'étude de la vie privée à toutes les époques. Les diverses collections publiques y déverseraient nombre d'objets qui, au milieu des œuvres de l'art, sentent le bric-à-brac, tandis qu'ils deviendraient ici des monuments intéressants et des outils utiles. Ce musée serait public à certains jours; tous les théâtres auraient le droit d'y faire copier leurs costumes et de s'entendre avec son atelier de confection. — Les petits théâtres. — Question des priviléges. — Les élèves du Conservatoire. — Théâtres lyriques. — Maintien du goût public par l'harmonie. — GRAND OPÉRA. La voix du chanteur a une limite; le son de l'instrument n'en a pas. La voix du chanteur se fatigue, et, qui pis est, elle se fausse quand elle doit remplir une salle qui dépasse la puissance de ses moyens. L'instrument grandit en proportion de l'espace; l'orchestre s'étend dans de justes rapports avec la salle. — La salle de l'Opéra, telle qu'elle est, exige des chanteurs un excès d'efforts qui ruine leur voix; cependant il importe qu'il y ait dans Paris un théâtre qui associe la belle musique à l'effet dramatique, à la splendeur de la mise en scène, à l'illusion des décorations, aux surprises des machines, et il est nécessaire, autant pour exercer une saine influence sur un grand public, autant pour répondre aux goûts des jouissances qui s'étendent chaque jour davantage, que pour répartir sur un plus grand nombre de spectateurs les frais de ce théâtre, il est nécessaire de l'agrandir au quintuple. — Le moyen de concilier ces exigences, de conserver à l'art toutes ses perfections, en se prêtant à de si gigantesques développements. — L'Opéra, à en croire quelques enthousiastes, n'est pas seulement un spectacle, c'est aussi une institution, et la plus importante des institutions. Touchez-y délicatement, comme on restaure un pastel, si vous croyez ce théâtre parfait et digne de la France; tranchez dans le vif, au contraire, si la musique qu'on y fait vous semble destructive à la fois du goût musical et des voix les plus belles; si les ballets qu'on y danse, la pantomime qu'on y joue, vous paraissent insipides, conventionnels, guindés, apprêtés, fardés, et tellement contraires aux saines données de la grâce et de l'art que vous vous croyez transporté dans un monde de poupées, de pantins et d'automates. — L'Opéra est trop grand pour les chanteurs et pour la bonne musique, trop petit pour les ballets; il doit devenir le salon français où Paris reçoit les étrangers et les provinciaux, avec la recherche et l'élégance qui caractérisent la capitale. — Il faut trancher dans le vif. — Il y aura un Opéra dansant, qui donnera place à 10,000 spectateurs, et un Opéra chantant contenant tout au plus un millier d'amateurs exquis. — OPÉRA DANSANT. Remonter aux ballets des Valois et aux opéras de Louis XIV. — Ronsard et Baillif composaient des vers pour les ballets. — Association de Lulli, Molière, La Fontaine, Corneille, Quinault. — De la littérature en musique et des œuvres poétiques chantées. — Beethoven met en musique les plus belles inspirations des poëtes. — Drames en musique et à grand spectacle. — Les chanteurs de solo remplacés par les premiers mimiques, les chœurs décuplés de puissance, l'orchestre assisté de tous les progrès faits par Sax et ses confrères, retentissant de trombones, grosses caisses, timbales, cloches, ophicléides et orgues pour accompagner des chœurs de 1,000 chanteurs. — Gluck, Mozart, Spontini, Weber, Rossini, Meyerbeer, grandissant avec la grandeur simple des moyens d'exécution. — LA DANSE. Nouveaux opéras-ballets. — La convention de la danse, réformée dans le sens de la grâce distinguée et d'une pantomime naturellement expressive. — On engagera des artistes comme Mmes Guyon, Stoltz et autres puissantes mimiques, chez qui la passion du geste et le jeu de la physionomie suppléent à la voix. — 10,000 spectateurs au lieu de 1,950, payant en moyenne 3 francs au lieu de 7, rémunéreront mieux qu'aucun théâtre du monde les danseuses parfaites, les pantomimes hors ligne. Ce ne serait pas assez : il faut que la France reprenne le sceptre de la danse, que l'Italie et la Russie lui ont enlevé.— Reconstituer un conservatoire de la danse, une maîtresse école qui imposera les lois, et des lois raisonnables, au lieu d'absurdes violations de la grâce naturelle. — La danse avait été l'art français par excellence, une école de bon maintien et un modèle de poses, d'attitudes et de mouvements gracieux dans un mélange d'élégance et de naturel. — Nous en avons encore la passion, nous n'en avons plus le talent. — Milan a son école, Naples a la sienne, Saint-Pétersbourg même forme ses danseuses; Paris seul n'a plus d'école, et se contente de payer cher ce que ses rivaux consentent à lui céder. — DÉCORATIONS. Les tirer de leur cercle borné, les faire voguer sur une mer d'innovations heureuses. — Quels progrès restent à faire? — Maintenir une plus juste balance entre l'homme de pratique et l'artiste d'imagination, entre le métier et le génie. C'est, en tout ce qui touche aux arts, une même règle, un même principe. Le plus habile décorateur est incapable de faire un tableau d'un mètre de largeur; M. Ingres n'est pas capable de peindre une décoration. Ce genre de peinture est un procédé particulier, un métier à part. Faut-il en tirer la conséquence qu'il doit être abandonné aux hommes du métier; je ferais sortir de ces prémisses une déduction opposée. Le tort des hommes de métier est de se mouvoir dans un cercle et de se contenter de redites, faute d'idées puisées dans l'étude sérieuse de l'art et de la nature, cercle bien autrement vaste, fonds inépuisable. Par ces raisons, il faudrait rajeunir le corps des décorateurs par l'introduction de forces vives, telles que celles d'architectes, de peintres, de sculpteurs de talent, dont l'imagination excessive est continuellement en dehors des conditions de l'art. Chacun de nous citerait un de ces artistes éminents qui, depuis les bancs de l'école jusqu'à la fin de leur carrière, ont toujours dépassé les conditions du programme, les exigences des règles, les désirs mêmes de leurs clients; gens d'imagination, de talent, mais que la réalité gêne et qui se rendent impossibles en toutes choses. J'attirerais ces grands artistes dans la peinture de décoration, et vous verriez la scène de l'Opéra s'animer d'une vie nouvelle, qui n'a été rêvée ni par Servandoni, un grand artiste, ni de nos jours par Stanfield, à Londres, et Marcellini, à Naples. La nature, l'architecture, les grandes perspectives monumentales, seraient conçues avec une grandeur inattendue, parce qu'elles ne seraient plus, comme à présent, la copie amoindrie de la réalité ou le rêve impossible d'une imagination qui n'est pas guidée par des études sérieuses. Sûrs d'eux-mêmes, ayant en souvenir les grands modèles de toutes les créations de la nature et du génie, ils prendraient ces richesses pour point de départ, et selon la scène, l'époque, la donnée de la pièce, ils reproduiraient non pas seulement ce que ces situations leur inspirent, mais les projets, les pensées que l'étude de la nature et des monuments avait créés dans leur imagination. Ce sont bien toujours des rêves, mais d'une réalité possible, dans un avenir concevable. J'espère de ces hommes nouveaux la réforme des anciennes ficelles et des vieux oripeaux. —La décoration peut être autre chose que l'illustration de la pièce, elle peut se faire spectacle elle-même. Quand le public, satisfait qu'on ait inondé la salle de lumière pendant les entr'actes pour faire resplendir les toilettes et valoir la coquetterie, se contentera d'un demi-jour une fois le rideau levé, la scène produira les effets les plus extraordinaires. Ce que Daguerre a imaginé dans son petit Diorama, avec ses faibles ressources, ne sera qu'un enfantillage à côté des inventions magiques qu'on peut mettre aujourd'hui en œuvre sur un vaste théâtre. On racontera, aux yeux des spectateurs, un voyage autour du monde; on leur montrera les forêts vierges de l'Amérique, le simoun du désert et la tempête en pleine mer, peints d'après nature, et se faisant nature par la puissance et l'habileté des moyens; les monuments de l'art avec l'encadrement des beautés de la nature qui les fait valoir sur les lieux, les sept merveilles du monde restaurées par nos jeunes architectes voyageurs dans les conditions les plus probables de leur beauté, de leur grandeur. Toutes ces décorations animées par le mouvement de flots d'acteurs et par les inventions surprenantes des machinistes. Celles-là agiront sur l'esprit par la vue, ceux-ci le domineront en imposant au corps lui-même des sensations émouvantes. On aura froid aux chutes des avalanches, on aura chaud à la vue des incendies; quand la tempête rugira, la bise traversera la salle et soufflera dans les oreilles du spectateur; et, quand une machine à vapeur de la force de deux cents chevaux fera mouvoir des trucs gigantesques, on imaginera des épisodes du déluge à faire tressaillir Noé dans sa tombe, et des scènes de fin du monde à réveiller les morts dans la vallée

de Josaphat.— Opéra chantant. Cet Opéra différera entièrement de l'Opéra
dansant. Si l'un est immense, l'autre est très-petit ; si dans le premier tout
est donné aux grands effets des masses chantantes et d'une orchestration
étourdissante, pour s'associer, dans l'esprit d'un public avide de violentes
impressions, à la passion du drame, à la magie des décorations, à l'ensemble
grandiose du spectacle, dans le second tout est poussé jusqu'à la plus délicate perfection : choix des chanteurs, composition des chœurs, constitution
d'un orchestre d'artistes hors ligne, tout se réunit pour rendre les œuvres
musicales les plus belles dans les conditions que pourraient désirer leurs
auteurs. — Ici une mise en scène convenable, des costumes simples et ce
qu'il faut de danseurs pour motiver la musique des ballets. — L'Opéra
français et italien formant une seule troupe, jouant séparément et à tour
de rôle, mais pouvant aussi s'unir et s'associer suivant les besoins de l'art.
—Concerts publics. Voir, p. 558 de mon rapport, ce que j'ai dit des sociétés
chorales, orphéon, etc. — Théâtres populaires. Un grand théâtre national, construit sur le boulevard Mazas, exactement sur les mêmes dimensions que l'Opéra dansant, et devenant sa succursale. — Aménagements
particuliers. — Mêmes décorations, mêmes machineries. — Le dialogue
remplaçant la pantomime.—Les grands traits de l'histoire mis en évidence.
— Les premières places à 1 franc, les autres à 50 centimes. — On se sent
une chaleur d'enthousiasme, un frisson guerrier, en pensant à l'effet produit
sur les masses par ce spectacle saisissant de la gloire nationale. — Le rideau, au lieu d'insipides affiches, montrerait au désœuvrement des entr'actes quelque grande scène historique, peinte par un artiste de talent. On
les remplacerait à chaque entr'acte par un autre tableau, quelque fresque
du Campo Santo de Pise ou du Vatican, le plafond d'Homère, l'assaut de
Constantine ou l'hémicycle de l'École des beaux-arts, exactement reproduits
sous l'éclairage habilement ménagé de la rampe. C'est un genre de musée
mis sous les yeux d'une population qui ne va pas ou qui va trop rarement
dans nos musées ; c'est aussi le diapason d'un art supérieur retentissant à
côté de l'art quotidien pour le relever. — Théâtres des départements. —
Réorganisation radicale. — La dignité de l'art l'exige aussi bien que le
maintien du goût public. — Troupes fixes, largement subventionnées par les
villes. — Troupes circulantes, subventionnées par plusieurs départements.
— Élèves du Conservatoire envoyés pour les assister gratuitement. — Prix
fondés par l'État pour récompenser les efforts des entrepreneurs. — Garanties données aux acteurs de l'exécution de leurs engagements. — Théâtre
des essais. Ce théâtre des essais de tous genres serait lui-même un essai de
théâtre nouveau dans sa construction, ses emménagements, ses effets d'a-
coustique, d'éclairage, de machinerie, de décoration. — Il y a tout à faire
dans cette voie d'innovations, et ce théâtre étant de petite dimension, n'étant
occupé que temporairement, se prêtera à des tentatives qu'il serait impossible d'entreprendre, d'étudier et de développer sur d'autres scènes. Cette
salle serait offerte aux bonnes troupes étrangères de tous les pays, et le prix

de location très-modique, prélevé uniquement sur les recettes. — Il y a intérêt pour le maintien du goût public à faire entendre les compositions dramatiques et lyriques dans la langue originale, avec les traditions et la manière d'être des acteurs et chanteurs pour lesquels elles ont été composées, et qui les ont étudiées sous l'impulsion de l'auteur. — Les meilleures troupes de comédiens nous arriveront de l'étranger quand elles seront assurées de trouver cette généreuse hospitalité qui profite de leurs succès sans spéculer sur leurs défaites, et qui leur donne, dans un bon quartier, une salle convenable. — Les samedis, dimanches et lundis, cette salle serait également secourable aux jeunes débutants. — Il y a utilité à ne laisser les élèves du Conservatoire aborder les grandes scènes et la critique qu'après avoir fait un stage intermédiaire, moitié sous l'œil trop sévère du public, moitié sous l'œil trop bienveillant des professeurs. La troupe serait composée d'acteurs que l'âge condamne à la retraite et que l'État pensionne. Ces illustres doyens du corps dramatique continueraient à attirer ici leurs anciens admirateurs, qui viendraient applaudir les bonnes traditions et encourager les jeunes gens qui les continuent. Ainsi soutenu par le talent d'acteurs émérites, par l'intérêt des débuts, par la curiosité des essais de divers genres tentés dans ces représentations, ce théâtre aurait un public assidu et couvrirait ses frais.

MAINTIEN DU GOÛT PUBLIC PAR LES EXERCICES GYMNASTIQUES.

Deux grands intérêts sont absolument négligés dans la civilisation moderne, et leur abandon fait sentir sa fâcheuse influence. — Faute d'initier la jeunesse aux exercices gymnastiques et d'en maintenir l'habitude dans l'âge mûr, l'hygiène publique a perdu son ressort le plus actif, la jeunesse s'appesantit, la race s'énerve; l'agilité, la souplesse, et la grâce, qui les accompagne naturellement, parce qu'elle en est le résultat, semblent réservées à des carrières spéciales. — L'homme du monde et l'homme d'affaires consentent à être obèses, lourds, embarrassés dans leur démarche, emboulés dans leur paletot; ils admettent cette déformation comme un attribut de leur position sociale; être moins complétement laids leur semblerait déroger. — Conséquences pour l'art. — Les formes humaines sont quelque chose de plus inconnu que les formes du mastodonte. — C'est un cercle vicieux, car dès lors le nu, au lieu d'être vu avec indifférence, impressionne, et de légitimes scrupules de moralité s'opposent à l'étude du corps humain. — Le jeune homme bondit, la jeune fille rougit à l'idée de nudité, et ce qui devrait ne pas causer plus d'effet que le cheval qui passe ou la vache qui paît devient un sujet d'émotion, de curiosité bizarre et de scandale étrange. — Le résultat le plus singulier de cette ignorance presque générale est de faire trouver laides les formes les plus belles et les proportions les plus harmonieuses, tant elles sont en choquante contradiction avec les formes et les proportions que les paletots et les jupons donnent à l'espèce humaine. — Il faut lutter contre un pareil désordre d'idées, sans tenter, dans une société chrétienne, de reprendre les errements de l'antiquité et le saint enthousiasme que les Grecs avaient pour la beauté. — Nous connaissons cet anathème de Joubert : « Il est une espèce d'hommes « que l'amour des arts possède tellement, qu'ils ne regardent plus l'art comme « une chose qui est faite pour le monde, mais le monde, les mœurs, les « hommes et la société comme des choses qui sont faites pour l'art; subor- « donnant tout, et la morale elle-même, à la statuaire, ils regrettent la « nudité, la gymnastique, les athlètes, par dévouement aux sculpteurs : « c'est qu'ils aiment les arts plus que les mœurs, et les statues plus que « leurs propres enfants. » — Nous avons des enfants, nous les aimons. Leur éducation se ressentira plus des préjugés de Joubert que de la libéralité de notre conviction, et cependant nous pensons fermement qu'étudier la nature, voir le nu et se connaître soi-même n'est contraire à aucun pré- cepte de la religion, à aucune règle de la bienséance. Les plus grands esprits ont partagé sur ce point une même opinion libérale. Goëthe a traité la question, sans s'y arrêter longtemps, mais il l'a fait avec la fer- meté de son jugement et le charme de son style. Il suppose que Julie, une jeune fille, est élevée par son oncle, grand collectionneur d'objets d'art, dans une familiarité continuelle avec les tableaux des maîtres, les statues des anciens, et toutes ces belles créations du génie qui peuplent la vie des jouissances sublimes de l'intelligence. Une femme du monde visite ce cabinet; Julie lui en montre les curiosités, et, comme elle s'aperçoit que les peintres flamands ne sont pas de son goût, elle place sous ses yeux la pièce capitale de la collection : une Vénus couchée, chef-d'œuvre du Titien. La dame détourne les yeux et s'étonne qu'une jeune fille ose regarder et montrer aux autres une nudité de ce genre. Julie répond ingénument : « Cette femme couchée, je la vois tous les jours, elle m'est familière depuis « mon enfance. On m'a appris l'histoire naturelle, on m'a montré les oiseaux « dans leur riche plumage, les animaux dans leur belle fourrure, les poissons « sous leurs écailles argentées, et on m'aurait fait un mystère, à moi jeune « fille, de la forme humaine, à laquelle tout se rapporte, qui respire en « tout et embrasse tout; mais pourquoi cacher l'homme à l'homme? N'est-ce « pas une bonne école de modestie et de réserve que celle qui nous fait con- « naître, à nous, qui sommes trop disposées à nous croire belles, ce qui est « la vraie beauté? Mon oncle me l'a dit souvent, à partir du jour où j'ai « réfléchi moi-même : Habitue-toi à la contemplation familière de la nature, « elle éveillera toujours en toi des réflexions sérieuses, et puisse la beauté « de l'art sanctifier les sensations qu'elle fera naître! » — Contre des préjugés, contre nos habitudes, le meilleur remède est de remettre en vigueur les exercices gymnastiques et tous les spectacles qui font valoir la beauté hu- maine. — On s'expose peut-être, en proposant ces mesures, à un danger, le plus grand de tous en France, au danger du ridicule. — Il suffit de regarder le ridicule en face, il s'évanouit. — Pour les gens malpropres, le ridicule, c'est la propreté; pour les gens grossiers, l'éducation et les bonnes manières sont un ridicule; aux ignorants, la science; aux poltrons, l'héroïsme. — Évitez le ridicule qui se nourrit de vanités puériles, de prétentions sottes, d'appétits vulgaires; ne craignez pas le ridicule des nobles sentiments, des aspirations élevées, des dévouements au grand et au beau. — Les jeux gymnastiques dans l'antiquité. — Leur influence morale. — Les nobles esprits voulaient que l'âme eût un logement digne d'elle; que la forme, au lieu d'être en désaccord avec l'esprit fût en parfait équilibre, n'estimant pas qu'un esprit solide, qu'un moral robuste, pût résider dans un corps débile. — Les exercices du corps au moyen âge étaient réservés aux carrières spéciales. — Tournois. — Joutes. — A l'école des clercs, l'*exercitium corporale* n'était pas admis, ou au moins il était si singulièrement compris, qu'il se composait de fonctions actives très-peu nobles, comme la cuisine, le service de la table, le balayage des salles. De gymnastique, de courses, de jeux de balles et d'ébats d'autres genres, il n'y a trace ni dans les statuts de Montaigu, ni dans les statuts des autres écoles calqués sur ceux-là, si ce n'est pour les prohiber comme *ludos violentos.* — La paume dans les hôtels. — Les étuves publiques et particulières. — Renaissance, idées de Rabelais. — Dans les deux derniers siècles, abandon complet des exercices gymnastiques. — Rollin, *Traité des études.* — Le règlement des études de 1789. — Les articles de la loi de l'instruction primaire qui prescrivent la gymnastique. — Opinion de Talleyrand, Condorcet, Lepelletier, Lakanal. — Renaissance de ces exercices sous l'influence d'un retour vers l'antiquité. — Courses à pied, dont les vainqueurs sont couronnés par des membres du Directoire. — Les grandes parties de barres du Ranelagh qui attiraient tout Paris. — Les jeux de courte et longue paume, encore très-nombreux au commencement de ce siècle. — Amoros en 1815. — Mon père, qui l'avait connu en Espagne, devient son protecteur à Paris, et je m'honore d'avoir été un de ses premiers élèves. La gymnastique prit place dès lors dans l'éducation publique, mais à titre de talent d'agrément, et non pas comme un exercice obligé, auquel tous doivent prendre part. — Entrez aujourd'hui dans les collèges, vous verrez les enfants se promener en se donnant le bras et en causant gravement de politique. La balle est proscrite, les barres exclues, la gymnastique délaissée. — La faire renaître comme un plaisir. — Importance de la gymnastique prolongée après l'enfance. — Établissements facilitant les exercices à toutes les heures de la journée, moyennant une faible rétribution — Professeurs en tricot, les sandales aux pieds. — Les yeux et l'observation artiste profitant des exercices du corps dans ces nouvelles palestres. — LA NATATION. L'utilité de la natation dans l'eau froide est admise et proclamée par toute la faculté. Les nouveaux modes de traitement hydrothérapiques ne sont pas autre chose que des bains froids privés de l'exercice qui les rend salutaires. — Savoir nager est pour un homme une question d'honneur et de dignité humaine. — Un père dont l'enfant tombe dans l'eau, un mari dont la femme se noie, tous deux cloués au rivage par leur impuissance, sont bien malheureux ou bien ridicules. — J'ai vu un brave général trembler dans une barque où mon fils, encore enfant, mais bon nageur, riait de tout son cœur. — La natation devrait être exigée, comme la vaccine, pour entrer dans toutes les carrières, pour se marier, pour être remplaçant dans l'armée. — On apprend à nager à tout âge. Le célèbre baron Hammer de Purgstahl avait atteint sa soixantième année quand il prit sa première leçon, et, lorsqu'il eut traversé le Danube à la nage, on inscrivit sur le registre d'honneur la date de sa naissance. — Quand tout le monde nagera, quand les exercices du corps seront remis en honneur, de nouveaux établissements de natation s'ouvriront dans des conditions de luxe et de bien-être dont on n'a aucune idée. Le quai, transformé en jardins, et dissimulé, dans ces endroits, sous des rideaux de lierre et de vignes vierges, tendra la main aux riches estrades flottantes. — Nouveaux modèles d'architecture nautique; chaque établissement de blanchisseuses et de bains de natation formant dans la Seine comme un îlot monumental. — Les nageurs quitteraient le bassin de la rivière pour venir sur terre prendre du repos à l'ombre des arbres et assister aux joutes des lutteurs, aux jeux gymnastiques des athlètes, aux poses académiques des modèles. — Le public serait admis sur les estrades et dans des places réservées au milieu des jardins. Il stimulerait de ses applaudissements la souplesse unie à la force, la grâce associée au talent. — Des prix, depuis le caleçon d'honneur, réhabilitation de l'ancien caleçon rouge, jusqu'à des médailles d'or, seraient distribués par un représentant de l'autorité, et sur la décision de jurys compétents. — Exercices de la rame. — Canotiers. — Régates. — Est-ce se faire illusion que de penser à une régénération de l'hygiène publique devenant le ressort énergique d'une renaissance des arts? — Ces palestres en plein air, ouvertes au mois de juin, fermeraient au mois d'octobre. Alors professeurs et amateurs transporteraient, les uns leur enseignement, les autres leur activité, dans les palestres d'hiver, j'entends les jeux de paume, les écoles de gymnastique, les manéges d'équitation et les salles d'escrime. Partout, dans ces lieux consacrés aux exercices du corps, le public aurait ses places nombreuses, commodes et gratuites, car, s'il s'agit d'une utile hygiène pour ceux qui y prennent part, il en résulte un profitable enseignement pour tous les spectateurs. Y aura-t-il dans tout cela prise au ridicule? Je l'ignore, mais je sais que Platon, traitant le même sujet, disait déjà : « Moquons-nous de toutes les railleries que les beaux esprits ne manqueront pas de faire en voyant une pareille innovation. » — DES JEUX DE PAUME. Ancienneté de cet exercice. — On avait un jeu de paume dans son hôtel comme il y a aujourd'hui un billard. — Décadence de la paume. — Sa cherté en est la principale cause. — Facilités nouvelles offertes pour construire dans la ville de nouveaux jeux de paume, et ouvrir, dans les promenades parisiennes, des espaces pour la longue paume, le bâton, les boules, etc. — Écoles de gymnastique. Elles n'ont pas d'organisation. — Les placer sous la surveillance de l'État. — En faire une part de l'enseignement public. — Simplifier l'attirail gymnastique et l'exiger dans le mobilier obligatoire des écoles. — Gymnase normal à Paris. — Solennités annuelles réunissant les lauréats de tous les gymnases. — Exercices du patin en hiver ; bassins de nos promenades publiques réservés aux patineurs. — MANÉGES D'ÉQUITATION. On sait monter à cheval, mais on ne l'apprend plus. — Historique de l'équitation. — Des manéges au dernier siècle. — De l'ancien manége de Versailles. — La France a dominé longtemps dans l'art de l'équitation, et jusqu'en 1830 elle en a conservé les bonnes traditions. — Fatale suppression du manége des écuries royales. — Décadence immédiate de l'équitation. — Ce bel art est livré aujourd'hui à d'honnêtes gens qui ignorent leur métier ou à des saltimbanques qui le déshonorent. — L'école de Saumur est toute militaire. Elle forme des officiers et des sous-officiers instructeurs, mais elle néglige ces connaissances hippiques d'un ordre supérieur qui ont fait la renommée du manége de Versailles, et qui étaient le résultat d'études sérieuses et d'une expérience traditionnelle. — Construire un vaste manége dans toutes les règles d'une belle architecture et dans les conditions exigées par la pratique, l'abandonner gratuitement à une société, à laquelle on imposera un personnel d'écuyers dont la science, à la fois théorique et pratique, s'appuiera sur l'histoire de l'équitation, sur des études anatomiques de l'homme et du cheval, sur la connaissance de tous les défauts de la race que nous fait la Société d'encouragement, sur la juste appréciation des qualités d'un cheval de fond bien proportionné. — Cours professés le soir. — Bibliothèque hippique. — Musée de pièces anatomiques : les dents et les os en nature, les maladies figurées en pièces plastiques, un squelette d'homme sur un squelette de cheval. Une collection historique de mors, d'éperons, de harnachements. — A des époques fixes, des tournois et carrousels. — Distributions de prix. — Vastes estrades pour le public. — SALLES D'ESCRIME. A quoi bon manier des armes ? D'abord pour savoir se battre, et on en laisse par trop l'habitude se perdre ; ensuite pour développer le corps, pour lui donner souplesse et agilité. — Assauts publics.— Espadon, bâton, pugilat.— COURSES. Courses à pied, en véhicules, à cheval. Elles sont la conséquence et le corollaire de ces exercices. Nouvelles arènes pour les unes et pour les autres. — Aux courses à pied, l'esplanade des Invalides, qui n'est pas assez vaste pour en amoindrir l'importance. — Les courses s'associent aux besoins comme aux souvenirs de la guerre. — Parties de barres organisées sur le même emplacement. Les barres tiennent aussi de la tactique militaire. — Grandes estrades construites magnifiquement pour recevoir de nombreux spectateurs, et, en leur absence, pour décorer l'esplanade. — Aux courses de chevaux, le Champ de Mars. — Dispositions nouvelles pour les spectateurs. — Conditions modifiées pour les courses. Tout ceci conservant un caractère sévère, en rapport avec une intention sérieuse. — Hippodrome, cirque. — Le théâtre est un reflet de la réalité. Les courses du Champ de Mars reproduites à l'hippodrome, la haute école du grand manége singée au cirque. Les poses naturelles des nageurs et

des athlètes devenues des poses plastiques arrangées pour l'effet de la rampe.
— Les facilités offertes au public pour voir des exercices sérieux le rendront
exigeant pour les contrefaçons. — Immenses arènes. Chasses d'animaux sauvages. Combats de taureaux. La miévrerie hypocrite de notre époque défend
l'introduction en France, ou au moins à Paris, de ces nobles luttes de
l'homme courageux avec la bête furieuse ; le costume prête au développement des formes et le caractère de la lutte au jeu des physionomies. Les
taureaux s'y montrent dans toute la beauté de leur colère et de leur liberté.
On dit, il est vrai, qu'il est cruel de répandre le sang de ces animaux. Nos
gastronomes ont des raffinements d'humanité ; ils pleurent sur un taureau
tué noblement, et ils font bouillir des animaux vivants, et ils mettraient à
la broche la création entière. — On dit aussi qu'il ne faut pas habituer le
peuple à la vue du sang. Le XVIIIᵉ siècle n'avait montré sur ses théâtres
qu'amours poudrés, que bergères fardées, que marquises enrubannées dans
leurs robes à paniers, lorsque l'échafaud se dressa sur la place de Grève,
tandis qu'en Espagne, où les combats de taureaux existent depuis tant
d'années, où l'état révolutionnaire est l'état normal, le peuple n'a jamais
approché, dans ses plus grandes fureurs, des excès dont nous avons donné
l'exemple. Quant aux vengeances personnelles et à l'intervention du poi-
gnard dans les mœurs publiques, elles ne sont pas plus fréquentes en Espagne qu'en Italie et en Grèce, où les spectacles sanglants ne se sont pas
renouvelés depuis l'antiquité.

MAINTIEN DU GOÛT PUBLIC PAR L'INITIATION DES CITADINS À LA BELLE NATURE.

Plantations et promenades parisiennes. Ce qu'est la nature pour le citadin.
— Il lui faut une nature mitigée, comme on fait boire au malade le lait
coupé. — Le désordre des plantations au milieu de la rectitude architectonique de nos constructions, les lignes serpentantes des allées sablées à côté
de nos rues alignées, forment un contre-sens choquant. — L'architecte
Le Nôtre fut le premier à comprendre qu'il était nécessaire de créer un
intermédiaire entre l'architecture aux lignes droites et la nature aux lignes
assouplies. De là ses dispositions admirables de jardins réguliers, échelonnés
sur des terrasses à balustrades ornées ; ses parterres largement découpés et
parsemés de statues élevées sur de riches piédestaux ; ses bassins de toutes
formes, animés de jets d'eau de toutes combinaisons, devenant la transition
naturelle entre l'œuvre de l'homme et l'œuvre de Dieu. Quelque chose,
d'une part, assez régulier, assez architectonique pour s'allier et se fondre
dans la construction d'un palais ou d'un château, d'autre part assez riche de
verdure et de fleurs, assez libre d'allure dans sa régularité pour s'unir
insensiblement aux grandes perspectives de la forêt, aux prairies émaillées
de fleurs, aux cascades naturelles des eaux. C'est ainsi qu'il comprit Versailles se prolongeant sur les bois de Satory. — L'Angleterre, après avoir

chargé Le Nôtre de disposer ses plus beaux parcs, tels que ceux de Saint-James et de Greenwich, dans le système régulier imaginé par lui, fut la première à s'engouer des jardins irréguliers repoussés par Louis XIV dans la personne de Duverny. Elle développa hardiment toutes les ressources de ce système et lui donna son nom. Pour rester conséquente, elle tomba même dans l'exagération. En amenant jusqu'au perron du château les allées si-nueuses, les eaux serpentantes et les arbres dans toute la liberté de leur végé-tation, elle rendit choquante la ligne droite de l'architecture, la roideur des pilastres, la rectitude et l'aplomb des colonnes; alors le lierre et la vigne vierge furent chargés de dissimuler l'architecture et de la transformer; on alla plus loin, on se réfugia dans le gothique, on se livra aux enfantillages du genre rustique. De ce moment, les grandes beautés de l'art furent rem-placées par les fantaisies pittoresques et par la création coûteuse des beautés soi-disant naturelles, telles que cascades factices tombant du haut de ro-chers apportés à grands frais, grottes mystérieuses bâties de main d'homme et revêtues de coquillages. — Quel caractère doivent avoir les plantations dans une ville et les promenades des citadins hors de la ville? Je parlerai des plantations de Paris, en recherchant les embellissements propres aux voies publiques d'une grande ville. Voyons ici quelles promenades réclame la capitale. Pour la population parisienne, pressée entre les murs étroits de ses rues et de ses maisons, entassée par couches superposées d'étages peu élevés, la promenade, au moins au jour du repos, c'est la santé. La poule au pot rêvée par Henri IV pour toute la France ne vaudrait pas, pour Paris, les belles promenades que son édilité peut lui donner. Sur la rive droite : le bois de Boulogne; Monceaux, que M. Laffitte n'a pas trans-formé en un quartier tout bâti pour que la ville pût l'acheter aujourd'hui, et Vincennes. Sur la rive gauche : le jardin des Plantes; le Luxembourg, ne formant, avec sa pépinière, qu'un vaste parc, et une nouvelle promenade acquise par la ville dans les fonds boisés d'Aulnay et du Plessis-Piquet. On donnera à ces six grandes promenades tout le charme de la campagne dans sa liberté naturelle, l'art n'y ajoutant que les grandes allées néces-saires à la circulation, l'abondance des eaux, la richesse d'une végétation variée et de fleurs abondantes; partout des partis-pris larges, des disposi-tions simples, et, quand la main de l'homme doit se montrer, comme dans l'architecture et son ornementation sculptée, une exquise simplicité. Point d'enfantillages qui rappellent les puérilités bourgeoises, maisons rus-tiques, grottes mousseuses, chalets suisses, ou, ce qui est pire encore, kiosques en découpures, maisonnettes d'ébénistes, qui d'Enghien et de Trouville se répandent en tous lieux avec une contagieuse rapidité. Que partout la beauté de l'art soit en rapport avec la beauté de la nature, comme à Delphes, comme à Olympie, comme près de Paris, lorsque François Ier acceptait les plans et projets de Jérôme della Robbia pour associer, dans le château du bois de Boulogne, toutes les délicatesses de l'art aux délices de la campagne; comme autour de Rome, lorsque des nobles italiens disposaient les parcs élégants des villas Médicis, Borghèse, Pamphili. — Chaque promenade parisienne aura son architecte paysagiste, un artiste d'assez de talent pour comprendre les libertés que l'art peut accepter dans ce milieu particulier qui n'est plus la ville, qui n'est pas encore la campagne, et qui participe de l'une et de l'autre, genre mixte qui constitue la promenade d'une grande ville. Il composera, pour toutes les constructions, les projets les mieux appropriés à chaque emplacement, et il sera fait des concessions d'autant plus avantageuses aux entrepreneurs de cafés et de restaurants, de concerts et de spectacles en plein air, qu'ils accepteront des projets plus élégants, qu'ils les construiront en matériaux plus riches, qu'ils les feront orner de fresques intérieures et extérieures par des artistes plus capables. — Ces six promenades deviendront ainsi un programme pour l'architecture dans ses créations les plus variées, les plus osées en même temps; elles seront, en outre, un auxiliaire, un terrain d'expérimentation et un déversoir pour le muséum d'histoire naturelle et le musée du Louvre. Voici comment : la botanique et la culture scientifique ont prospéré et rendu des services au jardin des Plantes aussi longtemps que le terrain a offert à la végétation assez d'espace pour développer ses racines et ses branches, assez d'air sain pour respirer; mais, d'un côté, les besoins de la circulation des visiteurs, les bâtiments des serres et des collections, l'extension de la ménagerie et l'abondance des richesses acquises ont singulièrement diminué l'espace consacré à la culture; de l'autre côté, les vignes qui entouraient le jardin des Plantes à l'époque de sa fondation, et au milieu desquelles Guy Patin venait boire avec Guy la Brosse le vin du cru, ont été remplacées par des usines, par la gare du chemin de fer d'Orléans, couverte de locomotives toujours chauffées, et par les habitations d'une population serrée, qui exhalent dans l'air des gaz meurtriers. Par ces raisons, les expériences de culture, si utiles anciennement, deviennent impossibles de nos jours, si l'on n'offre pas au Muséum de vastes terrains d'expérimentation. Les promenades de Paris les lui donneront dans des conditions d'autant meilleures qu'elles permettront de répartir plantes et arbres suivant la nature du sol, je dirais presque suivant le climat qui leur convient, la forêt de Vincennes différant essentiellement des hauteurs du Plessis-Piquet. L'architecte paysagiste resterait chargé de toutes les plantations, parce que, outre ses connaissances pittoresques, il aura été reçu bachelier ès sciences naturelles et aura suivi les cours du professeur de botanique et de celui de culture pratique, pour pouvoir comprendre l'importance des expériences et suivre les indications de la science. De cette façon, les plantations des promenades parisiennes hors de Paris ne perdront rien sous le rapport pittoresque, et elles gagneront singulièrement en intérêt, les essences rares portant sur des cartels l'historique de leur origine, les plantes nouvelles étiquetées, les unes et les autres devenant des occasions d'enseignement pour le public, des sujets d'étude pour la science, des renouvellements d'idées pour les artistes. Le public parisien ne respecte rien, dira-t-on; il coupera les fleurs et taillera les arbres. — Le public est un enfant qui fait volontiers ce qu'on lui défend de faire. — Au lieu d'inscrire sur vos poteaux : Défense de...., sous peine d'amende, il est interdit de..., inscrivez, comme dans les jardins publics de l'Allemagne : Ces parterres et ces fleurs sont placés sous la protection des promeneurs. — A qui demande si peu et ne menace pas on accorde tout. — A cette flore agrandie du jardin des Plantes je voudrais associer une faune en liberté, qui serait plus nouvelle, et pourrait être aussi utile pour la science et pour les arts. L'État nourrit depuis bien des années, pour la plus grande joie des conscrits de la garnison et des bonnes d'enfants, quelques lions qui de l'immensité du désert passent sans transition dans une cage de quatre mètres carrés, et des ours qui descendent des Alpes majestueuses pour monter à un triste bâton au fond d'un cul de basse-fosse. Il serait temps de donner à ce chapitre du budget un emploi sérieux. — Des animaux sauvages mis en cage dans l'antiquité. Asie, Égypte, Grèce, Rome, Byzance, Orient et Occident du moyen âge. Lions et tigres des ménageries royales en France depuis le xiiie siècle. — Les animaux du jardin des Plantes. — Les riches crédits du jardin Zoologique de Londres. — Le pauvre budget du muséum d'histoire naturelle. — Les animaux devraient être disséminés par espèces dans nos promenades. — Emploi du fer pour fabriquer des enceintes que l'œil ne voit pas et qu'aucun lion, qu'aucune hyène ne sauraient ni franchir ni briser. — Vallons plantés d'arbres séculaires, qui dissimulent leurs enceintes de murailles et de grilles, au fond desquels se promènent les ours, les tigres et autres animaux grimpants. — Girafes, bisons, éléphants, zèbres et lamas ayant la liberté avec tous ses droits, moins celui de faire le mal. — Volières de 500 mètres d'étendue, englobant les grands arbres, et donnant à la population volatile une illusion de la liberté. — Chevaux, ânes, vaches et brebis ramenés le plus près possible de leur type primitif par les croisements avec les individus choisis en tous pays et par les libres allures. — Les pelouses émaillées de ces animaux se passent de fleurs et brillent harmonieusement au soleil, car la nature a donné au pelage de ses créatures, comme aux corolles des fleurs, les nuances qui se fondent le mieux avec la verdure ou qui tranchent le plus franchement sur elle. Cette girafe est de la couleur des feuilles mortes, cette vache de la nuance des fleurs de pêcher; qu'un beau taureau charollais, au manteau rose et blanc, traverse à gué la petite rivière qui serpente dans le pré, ne sentirez-vous pas venir à vous comme une senteur mythologique? Vous voyez Jupiter, vous cherchez Europe, vous comprenez mieux l'esprit poétique des Grecs, qui divinisa les impressions produites par les beautés de la nature. — La science étudiera pour la première fois les animaux sauvages dans des conditions favorables. — Reproduction assurée des races devenues rares. — Croisements faciles. — Caractères et mœurs remis en évidence. — Pour la première fois aussi les artistes se feront une idée de la beauté de ces créatures rendues à la liberté. — A quel point de vue améliore-t-on les races? La Société d'encouragement ou le Jockey-Club n'a qu'un but, la vitesse; qu'un succès en vue, la croissance rapide et la puissance donnée à certains muscles. Les formes résultant de cette éducation sont en contradiction directe avec celles des animaux créés par le bon Dieu. Cette tête fine, admirablement placée sur une encolure gracieusement arrondie, ces proportions si heureuses entre la hauteur et la longueur, entre le corps et les membres qui le supportent, tout cela est horriblement défiguré. — De leur côté, les sociétés d'agriculture, et à leur suite toute la France agricole, ne comprennent qu'un genre de progrès : l'engraissement. Ne parlez pas de formes proportionnées et de beauté naturelle, on vous rirait au nez; parlez viande. Faire de la viande aux dépens de tout respect de la créature de Dieu, c'est là le but avoué et poursuivi aveuglément. L'idéal de l'agronome est une table de chair sur ses quatre pieds, une masse de graisse ambulante. Les comices partagent cette manière de voir. Ils décernent leurs prix à des caricatures d'animaux dont l'État publie complaisamment, dans des rapports officiels, les hideux portraits. — On vante ce progrès, on s'extasie sur la puissance de l'homme, qui transforme à son gré des créatures divines. On est dans l'erreur. — En quittant la voie prescrite par la nature, en faussant, en faisant dévier son cours, on n'obtient que de fâcheux résultats. Des parallélogrammes de chair ne font pas seulement des monstres de vaches et de brebis, cela fait aussi peu de lait et de mauvaise viande; des chevaux qui, par croisements successifs, tiennent des espèces sautantes et bondissantes, comme les lièvres, les lévriers et les sauterelles, ne sont pas seulement des types de laideur, ce sont aussi des chevaux pleins de tares, défectueux pour tous les services, à l'exception d'un seul, celui d'une course momentanée, dont on exagère chaque jour la rapidité en en diminuant la durée, comme si le *nec plus ultra* devait être quelque bond prodigieux. — J'ai étudié longuement et pratiquement le système du pur sang en Angleterre, en Allemagne et en France; j'ai éprouvé, au désert même, le cheval arabe, et j'admets l'utilité du pur sang, à la condition de le contrôler par d'autres épreuves que celle de la vitesse. Si vous demandez des exercices plus en rapport avec les besoins, vous obtiendrez des animaux plus conformes au type primitif du vrai cheval. La vitesse seule, à faible poids et de courte durée, s'obtient au détriment de toutes les qualités qui font la force, la résistance et le fond, et ces qualités venant à manquer, au lieu de l'ampleur des formes, des justes proportions entre la hauteur des jambes et la largeur du flanc ou de la poitrine, vous avez des animaux à croupe haute, à flancs déprimés, à jambes grêles, à poitrine étroite. Si vous donniez des prix de courses de vitesse et des prix plus élevés pour des courses de fond à lourds poids, vous encourageriez les éleveurs à chercher dans les races orientales les qualités qui répondraient à ces exigences; si enfin vous fixiez des récompenses pour la beauté des formes obtenues par le pur sang, mais en dehors de toute autre condition, vous ajouteriez encore un stimulant à l'élève des chevaux selon la saine raison. — Les étalons de l'État auront leur écurie annexée à l'une des prome-

nades parisiennes, et le public verra en liberté, bondissant sur les pelouses,
le vrai type du cheval. — On ne domestique aucun animal, on n'acclimate
aucune plante. Je ne me fais point d'illusion à cet égard. Le chat de Noé,
au sortir de l'arche, n'était ni plus sauvage ni plus soumis que de nos jours.
Le blé du paradis et le blé après le déluge était le blé qui nous nourrit. Le
créateur de toutes choses a pourvu à tout, même à la vanité de ceux qui
croient créer quelque chose. C'est lui qui a fait tous les animaux pour ce
qu'ils sont, et toutes les plantes pour vivre dans la région climatérique qu'il
leur a assignée. Mais la France et Paris ont, sous le rapport du climat, des
analogies en Amérique, en Afrique et en Asie; les étudier, chercher les
animaux qui y vivent en domesticité et les plantes que nous n'avons pas;
installer les uns, planter les autres dans ces belles promenades parisiennes.
— Ce n'est pas assez pour une population intelligente. — Trouver une
nouvelle fleur et un bel arbre inconnu sur son chemin, apercevoir en toute
sécurité le lion qui bondit dans la plaine, l'ours qui grimpe dans le chêne
majestueux, la girafe dont la tête dépasse les plantations, c'est sans
doute d'un effet pittoresque et saisissant; mais l'âme a besoin de passer
d'une impression à l'autre, et les plus douces, les plus élevées, ne
sont pas dans la contemplation de ces productions naturelles. — Il est
en Grèce, et sur les territoires de ses anciennes colonies de l'Asie mineure,
des rivages sans fin et des plaines immenses entièrement couvertes de
temples en ruines, de tombeaux majestueux, de fragments de sculpture par
monceaux. Le sultan les donne à qui veut les prendre; que nos bâtiments
de guerre qui croisent dans ces parages ne rentrent pas en France sans en
embarquer quelques morceaux, ne fût-ce que le dixième de leur charge-
ment, et avant dix ans nous aurons dans nos promenades un musée en plein
air, embelli de tous les charmes de la nature. — François I⁰ʳ avait mis la
Diane antique dans les jardins de Fontainebleau; Médicis, la Vénus qui
porte son nom dans le parc de sa villa; Louis XIV, l'Andromède et le Milon
du Puget dans les allées de Versailles. — Je ne demande pas cela. — Les marbres grecs qu'on nous rapportera n'ont pas cette finesse et cette perfection;
mais, comme la frise de Magnésie, ils ont une grandeur de proportions, une
hardiesse d'exécution, une beauté d'ensemble qui serait à l'étroit dans un
musée, et qui s'arrange très-bien d'un encadrement de lierre et des libertés
de la ronce. Quand une ville comme Reims menace de jeter bas la façade délicieuse de la maison des musiciens, quand les cloîtres romans sont transformés en pierre à chaux, quand les tourelles gothiques et les hôtels de la
Trémouille sont vendus aux entrepreneurs de maçonnerie, j'irais les chercher pierre à pierre, et je les redresserais à l'ombre des beaux arbres, dans
ces belles promenades, nouveaux Champs-Élysées de ces pieux souvenirs.
On fera bien d'éviter la ruine factice, mais on peut accepter ces beaux fragments des ruines d'une grande civilisation, en les associant à la nature toujours jeune et à nos plaisirs renaissants. Les contrastes plaisent à l'esprit.
Dans cette même direction d'idées, on donnera asile à un autre ordre de

monuments, qui n'ont pas leur place dans un musée, car ils n'ont qu'une beauté morale : ce sont des reliques historiques. Un bloc détaché de la cime du Sinaï, du mont Calvaire, du rocher de Sainte-Hélène, et comme voilé par l'ombre des grands chênes et des sombres cyprès, offre une source d'émotions vives, d'impressions élevées, de retours religieux et philosophiques. — L'art moderne aura aussi sa place dans ces promenades. Des groupes d'animaux en marbre ou en bronze font bien au carrefour de plusieurs allées ; des édicules placés dans les fourrés peuvent garantir à la fois une jolie statue de nymphe sculptée par Simart et des promeneurs surpris par la pluie. — L'influence pittoresque de la capitale doit s'étendre au delà de ses promenades, elle ornera ses alentours. Huyot avait étudié la décoration du mont Valérien : il étageait les stations sur ses pentes ; il élevait le tombeau du Christ et son calvaire sur le plateau vers lequel s'échelonnaient des escaliers et des balustrades mêlés à une riche végétation. — Couronner la butte Montmartre par quelque chose d'analogue avant que d'insipides maisons ne gâtent cette perspective. — Le goût public se ressentira de cet ensemble d'arrangements pittoresques. — Les artistes ne s'en contenteront pas ; ils préféreront étudier la végétation dans la forêt de Fontainebleau, et je leur construirais dans le bas Préau une auberge disposée en atelier pour les jours de pluie, une sorte de villa Médicis de la nature ; d'autres, plus hardis ou plus exigeants, iront chercher le beau dans les forêts de l'Amérique : ils étudieront les vaches dans les pâturages de la Normandie, les lions dans l'Atlas, les éléphants dans l'Inde, et ils auront raison ; mais à chacun son rôle, et le Parisien à qui le sort a rivé la chaîne au pied comprendra mieux l'artiste à son retour.

MAINTIEN DU GOÛT PUBLIC PAR L'EXCELLENCE DE L'ARCHITECTURE.

Paris doit être une ville monumentale et devenir le joyau de 1,500,000 âmes, en même temps qu'il est le point de mire de toute la France. — Chaque monument ancien, restauré, complété ou fini, chaque monument nouveau qui s'élève, chaque objet d'art acquis devient un sujet de préoccupation publique. — En toutes ces choses, l'État n'offre que des modèles exquis, il ne fait que des acquisitions utiles à l'étude ; comme un père de famille qui devant ses enfants observe son maintien et son langage, l'État ne doit pas se permettre une fantaisie de style contestable, un caprice de décoration douteuse. — En tout il est l'exemple et fait autorité. — Percement de rues nouvelles. — Élargissement des rues anciennes. — Abus de la ligne droite, qui ne peut jamais être le mérite de Paris, puisqu'il sera toujours inférieur, sous ce rapport, aux villes en échiquier de l'Amérique. — Chercher le caractère du nouveau Paris dans la beauté monumentale des perspectives. Faire des coudes, créer des carrefours pour ménager des occasions de monuments charmants, de gracieuses fontaines, de leschès dignes de l'antiquité. — La perfection, le soin précieux et délicat, ne peuvent être partout ; mais faites qu'ils se rencontrent de loin en loin, qu'ils soient d'agréables points d'arrêt, comme dans ces processions de la fête-Dieu où l'on traverse des rues entières simplement tendues de linge blanc pour arriver au reposoir orné avec magnificence de verdure et de fleurs. Il semble que la piété se réveille, que l'admiration grandisse, quand elle a ainsi ses alternatives d'abstention et d'exaltation. — Plan d'ensemble montrant l'état présent et les projets arrêtés. — Choix des architectes pour exécuter les travaux de l'État ; j'entends ceux qui sont payés par le budget municipal de la ville de Paris et par le budget général de la France. — Un conseil des bâtiments civils, désormais le maître des travaux de Paris. — Monuments anciens du vieux Paris, souvenirs nationaux à conserver. — La destruction de l'hôtel de la Trémouille et d'autres malheurs de ce genre sont des taches sur l'administration municipale de Paris. — Destructions non moins graves en France. — LA COMMISSION DES MONUMENTS HISTORIQUES. Renforcer son autorité et réunir dans ses attributions les édifices diocésains.— Porter son crédit à 2,500,000 francs. — Les églises gothiques arrivent presque toutes en même temps de nos jours à leur âge critique. — Ce qu'on ajoute sans autorisation dans nos départements aux monuments de cette époque est plus fâcheux que ce qui tombe sans permission. — Les travaux dirigés par la commission des monuments historiques sont pour toute la France un enseignement qui maintient le bon goût dans les populations et forme les ouvriers sous la direction d'architectes, d'inspecteurs, de chefs de travaux, d'appareilleurs et de sculpteurs envoyés de Paris. — Mais la ville de Paris s'est soustraite à l'influence de la commission des monuments historiques ; il faut l'y ramener. — HÔTELS HISTORIQUES. Assurer leur conservation en y plaçant les services publics, qui occupent dans Paris de vastes hôtels, insignifiants sous le rapport des arts, mais d'une grande valeur. — Hôtels de Sens, Zamet, Mayenne, Sully, Beauvais, Pimodan, Lambert, etc. — INSCRIPTIONS COMMÉMORATIVES. Placer des inscriptions françaises partout où un homme célèbre est né, où il est mort, où un événement digne de mémoire s'est passé. La France et Paris sont des musées historiques, il faut étiqueter leurs monuments et les expliquer aux passants. Pierre levée de Carnac, cathédrale de Chartres, champ de bataille de Taillebourg, façade du Louvre, colonne de la place Vendôme, l'homme du peuple lira votre histoire dans une inscription concise. — MONUMENTS À RESPECTER. Entre les monuments à restaurer et les monuments à compléter se placent les monuments à respecter, et la tour Saint-Jacques, que la rue de Rivoli prolongée isolera, est du nombre. C'est le fragment d'une église ruinée que le sort a enchâssé dans cette nouvelle voie, et de même que j'ai demandé au Louvre qu'on exposât les fragments antiques sans additions de restaurations, je voudrais qu'on montrât la tour Saint-Jacques avec ses abat-son et ses arrachements, qui diront clairement ce qu'elle fut : un clocher attenant à une église. Que le lierre et la vigne vierge montent mélancoliquement le long de ses parties ruinées, qu'un massif d'arbres enveloppe sa base, et puis laissez parler la ruine, elle a son éloquence. — Monuments à compléter. Saint-Eustache; son portail. — Saint-Sulpice; sa tour. — La Madeleine; placer les acrotères au fronton de la façade principale, et compléter par un bas-relief le fronton du posticum. — La fontaine des Innocents; mettre à l'abri dans le musée du Louvre les bas-reliefs de Jean Goujon, et les remplacer par des copies exactes en pierre de même provenance, qu'un connaisseur ne distinguerait pas des originaux. Voilà dix ans que je sollicite cet acte d'humanité sans pouvoir l'obtenir, et je l'obtiendrai quand l'humidité et la gelée auront consommé leur œuvre de destruction. — Hôtel de ville; rétablir sur la partie neuve les toits élancés et les cheminées monumentales, au lieu de pavillons échancrés et de tuyaux de poêles. — Donner à la bibliothèque Nationale une façade sur la rue de Richelieu et une entrée monumentale sur la rue Neuve-des-Petits-Champs. — L'Institut, la Sorbonne, le Conservatoire des arts et métiers, réclament une salle des séances plus vaste, une salle des concours moins laide, un ensemble de bâtiments indispensables. — L'arc de triomphe de l'Étoile attend encore son couronnement. Repousser l'aigle monstrueux qui ferait du monument un serre-papier colossal; repousser également une figure assise de soixante pieds de haut, qui le réduirait à un piédestal, un piédestal à jour! Puisque vous avez pris votre donnée première dans l'antiquité, complétez-la avec un quadrige à l'antique. — L'obélisque; le surmonter d'un pyramidion en cuivre doré. Impossible d'associer l'idée de la perfection dans l'exécution, qui était la préoccupation et l'idéal des Égyptiens, avec cette pointe irrégulière, machurée, laissée incomplète. — Cour de l'ancien Louvre. Rapporter de Thèbes le second obélisque qui appartient à la France et le placer au centre de cette cour, dont il ne contrariera ni les lignes ni les perspectives. — Les Invalides. Terminer le tombeau de l'Empereur; dorer le dôme; la gloire militaire de la France n'est point ternie, ses revers ne l'ont rendue que plus brillante. — Monuments à construire. On change une mauvaise loi, on modifie un règlement vicieux, mais les monuments les plus laids, on les conserve. — Que les législateurs soient légers, les ministres malhabiles, peu importe; d'autres législateurs, d'autres ministres, répareront les fautes de leurs prédécesseurs; une erreur en pierres de taille ne se corrige pas, les siècles la subissent. — Choix d'un style pour les monuments nouveaux. — De quelle époque, de quel pays sera-t-on? — On sera de son temps, on sera soi-même. — Le beau dans l'architecture, c'est une harmonie de la forme et de la destination.— L'architecture n'est pas un art d'agrément, de fantaisie, de caprice; c'est par-dessus tout un art utile et sérieux. — Je comprends un architecte comme un orateur éloquent. Il a étudié toutes les difficultés de la langue, il en connaît toutes les beautés, il est maître de toutes ses ressources : quel sujet doit-il traiter? Quelle cause le charge-t-on de défendre? Cela seul désormais le préoccupe; car, pour la forme de sa harangue, pour le choix de ses expressions, pour l'agencement de ses pé-

riodes, il n'a pas besoin de revoir ses auteurs. L'éloquence est devenue en lui
une seconde nature; ce qui l'occupe, c'est sa cause. Ainsi de l'architecte.
Il est maître de son art, il a dans sa tête toutes les transformations que
l'architecture a subies à travers les siècles; il a aussi dans le sanctuaire de
son âme l'idéal qu'il s'est formé lui-même; vient le programme : prison,
palais, collége, théâtre, bourse, caserne ou hôpital. Il étudie les besoins,
l'emplacement, le chiffre des allocations; et, ce travail d'ensemble animant
son imagination, sans remettre sous ses yeux les Propylées d'Athènes et
le Parthénon, sans feuilleter ses portefeuilles pour s'assurer des précédents d'une moulure, des autorités d'une console, il compose son monument
et produit à coup sûr, non pas peut-être un chef-d'œuvre, les chefs-d'œuvre
sont rares et Dieu en est avare, mais une œuvre qui porte écrite au front son
originalité. Dans ces conditions, vous n'aurez pas une caserne qui ressemble
à un hôtel de ministre, un timbre qui fasse l'effet d'une caserne fortifiée, un
hôtel-Dieu dont le portique semble l'entrée d'un tombeau, au lieu d'annoncer avec calme l'asile du repos et de la convalescence. — Une façade
promet-elle plus que ne tient l'édifice, c'est un contre-sens; un escalier
est-il plus majestueux que ne comportent les appartements où il conduit,
c'est une déception. Le roi de Bavière ne s'est refusé à Munich aucune de
ces erreurs. Nous avons dit ce qui l'excuse, nous serions inexcusables de
l'imiter. — Au commencement du siècle, nous avons vu nos rues inondées
du sang qui s'écoulait des étaux de bouchers. L'Empereur nettoya ces
étables en concevant l'idée des abattoirs publics. Ils furent construits simplement; ils manifestèrent à l'extérieur leur destination intérieure. C'était
d'un bon exemple; il ne fut pas suivi, il faut y revenir. — DES ÉGLISES
DE PARIS. Avant la Révolution, la capitale avait 290 églises et 600,000 habitants; aujourd'hui elle compte 43 églises et plus d'un million d'habitants. La piété a suivi l'accroissement de la population; elle a grandi
avec elle, et aujourd'hui elle demande aide et protection. L'archevêque
a créé des cures pour montrer la nécessité de nouvelles paroisses; il sème
des curés pour faire pousser des églises. L'édilité comprendra ses devoirs.
Style des églises. Le reporter à ce que j'ai dit du caractère religieux dans
l'architecture; ce caractère est dans tous les styles. Il dépend moins des
formes et des matériaux que du sentiment et de l'inspiration de l'artiste.
Emploi de nouveaux matériaux pour donner place au concours des fidèles
qui affluent aux jours des dimanches et des fêtes. Le maître-autel et
la chaire aperçus de toute l'assistance, l'office et le sermon entendus de
tous. Maintenir le grand caractère d'un art pur et sévère comme le
lieu même, et l'associer à des innovations de toutes sortes réclamées par
les habitudes du siècle et les mœurs du jour. — ARCHEVÊCHÉ. Le pasteur
réclame depuis vingt ans le droit de vivre et de mourir près de sa vraie
maison, la cathédrale de Paris. Programme. Dans la Cité, à côté de Notre-
Dame et de la Sainte-Chapelle, il est bien tentant de jouer au gothique
neuf; je ne m'y opposerais pas si MM. Lassus et Viollet le Duc consen-

taient à relever cet enfantillage de tout le sérieux de leurs consciencieuses
études. — MONUMENTS NATIONAUX. La gloire est aussi une religion. —
Monuments qui la rappellent. — Donner les drapeaux conquis sur l'ennemi
à la garde des invalides, c'est une grande idée militaire; les mettre sous la
protection divine, c'est aussi militaire et peut-être plus grand. — Ajourner
mon projet à notre première victoire, ce n'est pas le faire attendre longtemps. — A notre première victoire donc, on prélèvera sur les indemnités
de la guerre dix millions pour acheter les bâtiments de la place Dauphine
et pour élever sur un grandiose soubassement, sous les regards de tout
Paris, le temple de Notre-Dame-des-Victoires. — Ce ne sera pas une reproduction du Parthénon, mais un monument inspiré par cette merveille,
dressé comme lui sous les yeux de la ville entière, construit ainsi que lui
en marbre, en marbre français, et renfermant comme le temple d'Ictinus
la statue en or et en ivoire de la Sainte Vierge, entourée des trophées de la
victoire et des autels où le sacrifice divin se répétera chaque jour en actions
de grâces. Les frontons, les frises, les peintures extérieures et intérieures,
représenteront les grandes luttes de la nation et associeront leur souvenir
aux sentiments de reconnaissance qu'inspire un dieu protecteur. L'emplacement convient à un monument du même caractère que le Parthénon, quoique de dimensions plus grandes. Il s'élèvera assez haut pour
dominer le Palais de justice, sans cacher la flèche de la Sainte-Chapelle
et les tours de Notre-Dame. Il sera un modèle de pureté de style, et tout
en fermant la longue et magnifique ligne de nos quais, il ouvrira aux
âmes une perspective indéfinie de beautés morales, d'inspirations élevées,
d'enthousiasme national.—Peut-être trouvera-t-on ce monument inutile : je
me réserve de proposer d'autres inutilités pour orner la voie publique.— LES
GRANDES NÉCROPOLES. La ville des morts menace d'envahir la ville des vivants,
car les habitants de l'une passent dans l'autre sans qu'il y ait réciprocité.
—Paris enterre chaque année 30,000 morts et dépense énormément dans
ses cimetières pour produire un fouillis inextricable de monuments ridicules, aux épitaphes prétentieuses. — La réforme ne consiste pas à introduire dans nos mœurs le columbarium de l'antiquité et l'incinération des
corps, les charniers du moyen âge et les champs des morts de l'Orient,
mais à élever à côté de chacun de nos trois cimetières une grande nécro-
pole[1]. — HÔPITAUX. Construction d'un hôtel-Dieu formant un ensemble
près de la cathédrale dont il est le protégé. — Caractère extérieur de cet
édifice, aménagements et décorations intérieurs. — Petits hôpitaux des premiers secours multipliés dans les quartiers d'ouvriers. — Grands hôpitaux
en proportion avec la population. Leur caractère bienfaisant traduit par l'art
de l'architecte.—MONUMENTS D'UTILITÉ PUBLIQUE. Hôtel des postes. — Hôtel
des dépôts et consignations. — Casernes. — Colléges. — Prisons. — La-

---

[1] Cette proposition étant longuement développée dans un article que j'ai publié dans le Cons-
titutionnel du 22 avril 1848, j'y renvoie.

voirs. — Nouveaux abattoirs. — Halles centrales. — Marchés d'arrondissement. — Marché aux chevaux. — Marché aux bestiaux. — Portes monumentales construites sur la ligne des fortifications.—Autant de programmes
féconds, médiocrement étudiés jusqu'à présent, au point de vue d'une association heureuse des arts et de la destination. Tout ce qui est construit pour
le peuple doit atteindre son but philanthropique, et, en outre, par l'élégance
et la distinction du style, frapper son attention et former son goût. Il n'est
besoin pour cela ni de luxe ni de dorure; le beau suffit, et de toutes les
formes de l'architecture, c'est le meilleur marché. — Vous êtes obligé de
reconstruire la morgue, qui est en contre-bas du nivellement de nos quais;
demandez à Constant Dubeux, à Paccard, à tous les élèves de Rome et
d'Athènes, le charme euphémique que les Grecs apportaient dans leur
architecture funèbre, et ce rendez-vous douloureux des cœurs désolés se
dépouillera de tout extérieur lugubre. — Que le pauvre entre dans tous vos
édifices d'utilité publique avec ce sentiment de douce satisfaction que fait
éprouver un bienfait rehaussé par la grâce qui le donne; qu'il en sorte pour
rentrer dans sa modeste demeure sans que la comparaison lui soit humiliante. Le beau a cela de bon qu'il fait accepter sa supériorité sans exciter
ces sentiments de convoitise, ces retours pénibles pour l'amour-propre,
cette admiration trempée d'envie, qui naissent à la vue des fausses magnificences et du faste de mauvais goût. Le beau, comme le soleil du bon
Dieu, éblouit, mais il étend ses rayons sur tous, et chacun en rapporte quelque chose, car il s'applique à tous les degrés de la fortune. — LES PONTS.
Paris a dix-neuf ponts et deux passerelles; il en réclame d'autres. Que la
science des ingénieurs ne soit utilisée que pour réaliser les inspirations de
l'artiste. Un pont est un monument. — LES FONTAINES. Elles peuvent servir
à maintenir à la fois la santé et le goût publics. C'est le plus délicieux des
motifs pour orner monumentalement une ville. — Les fontaines dans l'antiquité. — Aqueducs et fontaines chez les Romains. — Les Arabes. — Le
moyen âge. — La Renaissance.— Quand Paris n'avait pas d'eau, il se cons-
truisait de magnifiques fontaines; depuis qu'il a le canal de l'Ourcq et de
puissantes pompes à feu, il nous jette sournoisement de l'eau dans les jambes
avec des bornes-fontaines qui se cachent comme si elles avaient honte de ce
qu'elles font. Il prendra un jour à la capitale de telles envies de bien-être et
de magnificence, qu'elle ira au loin chercher les eaux les plus pures, et, comme
Rome, elle les fera entrer dans ses murs sur des arcs de triomphe. Alors
l'eau jaillira de belles vasques, elle tombera en cascades du milieu de grandes
dispositions architecturales. — Les fontaines de Neptune et de Vénus, élevées à Florence par notre Jean de Douay, sont la simplicité même, et c'est
la grâce, cela coûte une misère et réjouit tous les passants. — La fontaine
de Trévi, à Rome, est une décoration d'opéra; mais son mauvais goût est
racheté par l'abondance des eaux et leur mouvement. —C'est donc entre ces
extrêmes que l'art doit aujourd'hui se placer.—Jean Goujon associé à Pierre
Lescot nous a montré comment on peut tirer parti d'un carrefour de rue pour

élever une délicieuse fontaine. — Bouchardon, rue de Grenelle. — Visconti, carrefour Gaillon. — GARES DES CHEMINS DE FER. Le prosaïque des ingénieurs en regard de l'imagination des architectes. — La gare d'Orléans et la gare de Strasbourg. — Le vrai caractère monumental de ces grandes embouchures de fleuves vivants.— AMPHITHÉÂTRES DES COURS PUBLICS. Nous avons vu que la rive droite en réclamait un. — Étudier le théâtre antique dans ses dispositions aussi élégantes qu'ingénieuses, aussi favorables à l'acoustique qu'à l'art. — THÉÂTRES. Le théâtre compte en France un monument, l'architecte Louis l'a construit à Bordeaux. — Importance des théâtres dans l'antiquité. — Leur rôle. — Leur but. — C'est le programme le plus heureux pour les architectes. — Théâtres construits en marbre, pouvant contenir au delà de dix mille spectateurs, et qui subsistent presque intacts dans les villes ruinées de la Grèce et de l'Asie. — Leurs dispositions particulières, leur richesse, leur ornementation. — Du théâtre moderne. — Paris s'est laissé dépasser par d'autres capitales en conservant à sa première scène, à son Opéra, la baraque honteuse qu'il accepta, en 1821, à titre provisoire. A cette époque, on lui promettait un monument digne de la grande ville, et plus on le projetait magnifique, plus il était nécessaire de construire une scène provisoire sur laquelle on jouerait en attendant l'achèvement de cette merveille. De tous les beaux projets faits alors, il est resté la baraque de la rue Lepelletier, et j'ai prédit tout aussitôt qu'on ne construirait un Opéra définitif que lorsque l'incendie nous aurait délivrés du provisoire. Est-il raisonnable d'attendre ce malheur, qui trop souvent déjà a menacé tout ce quartier? N'y a-t-il d'autre moyen de faire le bien qu'en parvenant à l'excès du mal. La construction d'un Opéra monumental n'est d'ailleurs pas seulement un besoin, c'est aussi une occasion excellente de donner aux étrangers une grande idée de l'état où sont parvenus les arts en France. Ce théâtre est, à leurs yeux, comme la vraie pierre de touche, comme le diapason juste de notre goût et de notre élégance. Le dieu de la mode en a fait son temple; le temple doit être digne de son dieu. L'Opéra dansant de Paris, dont j'ai parlé plus haut, donnera place à dix mille spectateurs, et sera construit dans de telles conditions, que la Scala, la Pergola, San-Carlo, la Fenice et le théâtre de Saint-Pétersbourg y danseront à l'aise, et qu'ils auront l'air de baraques provisoires à côté du monument que nous fonderons. Ce théâtre modèle s'élèvera sur un vaste soubassement au niveau et dans l'axe de la rue de la Paix, ayant de larges abords autour de lui et de faciles débouchés par des percements nouveaux sur les rues des Mathurins et de la Chaussée-d'Antin. Si l'on supprime la rue Basse-du-Rempart, de magnifiques rampes permettront aux piétons d'arriver par le boulevard; si l'on conserve cette affreuse rue, la circulation des voitures pourra être maintenue au moyen d'une arcade sur laquelle s'appuiera l'escalier qui du péristyle descendra au boulevard. On sait qu'un théâtre a besoin, pour le jeu de ses décorations, d'une profondeur égale à sa hauteur; ces terrains en contre-bas de la rue de la Paix semblent donc faits exprès pour ce théâtre, qui aura ainsi son parterre au premier étage, c'est-à-dire de plain-pied avec le boulevard, sans que décorations et machineries descendent assez profondément pour souffrir des infiltrations de l'eau. En même temps tout l'étage au-dessous de la partie du théâtre occupée par les spectateurs, c'est-à-dire par la salle, les couloirs, le foyer et les vestibules, formera un immense espace voûté appuyé sur de majestueux piliers. Ce sera la salle d'attente pour les personnes qui sortent en voitures. Échauffée par les calorifères, munie de nattes et de tapis, plantée d'arbres et ornée de fleurs, elle s'ouvrira aux voitures qui s'écouleront sans se rencontrer.— Vastes escaliers. — Larges corridors. — Immense foyer. — Caractère à l'intérieur : une ornementation qui emprunte aux artistes les plus distingués leurs meilleures inspirations pour faire du théâtre, pendant les entr'actes, un musée qui fixe dans le souvenir d'excellents modèles de goût, et en même temps un confortable raffiné qui associe aux plaisirs de ce spectacle public toutes les aises de la vie privée. Mais ce caractère à l'intérieur peut être commun à tous les théâtres : ce qui distinguera le grand Opéra dansant, ce sera la libre circulation et l'indépendance pour entrer, rester, sortir. Il rappellera dans son ensemble les habitudes du forum antique, en offrant à tous un lieu de rendez-vous agréable pour continuer commodément les affaires de la journée. Ne perdons pas de vue que l'avenir nous réserve une existence fiévreuse par la participation de chacun aux intérêts publics, politiques, financiers, industriels. Il faudra donner aux hommes occupés le moyen d'être sociables sans négliger leurs affaires, et d'associer leurs femmes à leurs plaisirs en mettant leurs plaisirs au milieu même de leurs intérêts. — Fauteuils commodes à toutes les places. — Dispositions ingénieuses pour déposer chapeau, manteau, parapluie. — Des pupitres pour le libretto ou la partition. — Les places assez espacées pour que chacun entre et sorte sans déranger ses voisins. — Loges plus grandes que des boudoirs, et ayant des salons. La sociabilité au théâtre empruntée à l'Italie. — A chaque loge son petit escalier de sortie pour descendre directement dans le grand vestibule d'attente. — Le parterre divisé en deux sections, l'une assise et stable, l'autre debout et circulante. — Souvenirs des théâtres de notre jeunesse, où le parterre tout entier se tenait debout. — Dans toutes ses dispositions, l'Opéra dansant offrira les facilités et la liberté de l'ancien théâtre en plein vent et de la place publique. — Caractère extérieur. — Tout théâtre a deux aspects, et il montre le plus triste au jour. La nuit étend sur la ville son voile mélancolique, le théâtre semble l'avoir attendue pour s'éveiller et renaître à la vie. De ce moment il resplendit de lumières, la foule accourt et assiége ses alentours, une sorte de fièvre bruyante s'empare de lui. La nuit a parcouru sa carrière, le soleil se lève, et le théâtre apparaît sous un aspect noir et lugubre, ses abords sont déserts, les immondices en font un cloaque, et les passants se détournent comme pour l'éviter. — L'architecte composera son monument de manière à répondre à des circonstances si différentes; il appellera à lui toutes les ressources d'un art jeune, d'un style élégant jusqu'à la coquetterie, d'une ornementation gracieuse et riche jusqu'à la profusion. Rien de trop magnifique en belles matières et en précieux métaux, rien de trop voyant en couleurs brillantes pour ce temple de Terpsichore qui doit annoncer, le jour, les plaisirs qu'il tient en réserve pour la nuit; mais en même temps l'architecte se préoccupera, dans son plan général et dans ses lignes principales, de la silhouette que son théâtre projettera sur le fond du ciel quand la lumière diffuse, au lieu de l'inonder d'en haut, jaillira de tous côtés et procédera pour ainsi dire de lui-même. — LE THÉÂTRE DU PEUPLE. Il s'élèvera sur le boulevard Mazas. — Mêmes dimensions, distributions entièrement modifiées, style et ornementation différents. — THÉÂTRE DES ESSAIS. Petite salle contenant 1,000 personnes et disposée pour jouer à la lumière artificielle et au jour. — Plafonds en verre peints. — Combinaisons nouvelles d'éclairage, scène éclairée par reflet. — Essais de divers genres. — CONSTRUCTIONS CIVILES. Il ne suffirait pas d'offrir à la nation des modèles d'architecture dans ses grands monuments nationaux; l'État doit étendre sa sollicitude jusqu'à donner des modèles d'architecture usuelle et pratique. — La rue de Rambuteau, ouverte au milieu de quartiers affreux, a été construite tout d'une pièce et pouvait servir à développer un bon programme d'architecture civile; cette occasion a été perdue; cette rue sera dans l'avenir un témoignage de la vulgaire banalité de notre architecture en 1840, et rien de plus. — L'édilité parisienne doit prendre sa revanche en intervenant dans une juste mesure. — En bonne règle, et toutes les grandes époques en offrent des exemples, la maison doit recevoir l'empreinte et présenter le miroir des goûts et des habitudes de son propriétaire avec la même fidélité que la coquille des mollusques et la peau cornée des crustacés; mais, au centre de nos grandes villes, la maison est une ruche dans laquelle chaque habitant choisit son alvéole, et dès lors l'architecture n'a plus qu'un langage de convention qui devient ce qu'on appelle le style architectonique d'une époque. Ce style est si mauvais de nos jours, si arbitraire, que l'État ou l'édilité ont entrepris depuis longtemps de le diriger. — L'idée de façades symétriques sur une cour ou sur une place est aussi ancienne que l'architecture elle-même, mais l'idée moderne a été d'astreindre tous les particuliers qui construisent dans une place, ou sur une rue, à suivre un plan et un style arrêtés par l'autorité et à employer les matériaux désignés par elle. Cette idée appartient, je crois, à Henri IV, qui l'a mise en pratique sur la place Royale et à l'extrémité de la Cité avoisinant le pont Neuf : les lettres patentes du mois de juillet 1605 sont formelles sur ce point. Une autre idée qui découle de la première a été d'imposer à tout jamais le respect de ce plan et de ce style. Le bureau de la ville condamne, le 17 juillet 1676, un marchand de drap qui s'était permis d'altérer un détail de cette architecture. — Louis XIV, fidèle aux errements de son aïeul, a laissé un bel exemple de la grandeur monumentale qu'une ville peut ainsi atteindre. J. Hardouin Mansard, architecte du roi, fut chargé de construire toutes les façades de la place

Louis-le-Grand, sur les terrains de l'hôtel de Vendôme, majestueux encadrement du monument qui s'éleva au centre. — Des façades ainsi bâties à
l'avance attendent patiemment, volets et portes fermés, les acquéreurs des
terrains. La ville ne s'en inquiète pas. Elle possède sa décoration monumentale, les habitants y installent leurs maisons à la longue et quand ils
veulent. — De là, à une symétrie déplaisante telle qu'on l'a introduite
dans la rue Mandar et dans la rue des Colonnes, il n'y a pas loin. — Éviter
cet écueil. — Paris n'est pas menacé, Dieu merci, comme Londres, de
cette exploitation de quartiers entiers par des spéculateurs qui élèvent des
massifs réguliers de maisons et mettent l'ennui dans l'uniformité; mais
Paris doit aller au-devant d'un inconvénient contraire, le morcellement
par trop menu des terrains, qui permet d'élever des constructions étran-
glées, des maisons huchées sur des échasses, de l'architecture impossible.
La municipalité ne devrait pas permettre ces façades étroites, et elle pourrait donner une indemnité aux propriétaires qui s'associeraient pour construire leurs maisons avec une façade commune, offrant un ensemble. Cette
association ne s'étendrait pas à toute une rue ni à plus de vingt fenêtres de
façade, de manière à simuler des monuments se succédant les uns aux
autres. L'indemnité serait donnée en raison des dépenses imposées. Le propriétaire de la maison du centre, qui devra exécuter soit le fronton, soit l'a-
vant-corps architectonique, recevra plus que ses associés chargés de construire les bâtiments formant les ailes. Aux propriétaires qui construisent
isolément, on imposerait l'obligation de s'encadrer, de manière à former
un tout et un ensemble; ou plutôt on laissera faire, en se contentant de
donner les modèles, non pas seulement des modèles qui restent dans les
mains des architectes et ne sont compris que par eux, mais des modèles
parlant, vivant, faisant l'illusion de la réalité et qui s'offrent sur la voie publique à la critique de tous. — Voici de quelle manière : devant des terrains
non construits, l'édilité élèvera des échafauds couverts de toile, sur lesquels des architectes de talent seront chargés de faire peindre les façades
d'hôtels somptueux, de maisons élégantes, d'habitations modestes, qu'ils
auront composés dans toutes les conditions d'une bonne construction, et en
prévision des aménagements intérieurs les plus commodes. Dans ces projets
peints, toutes les améliorations seraient prévues, depuis le toit jusqu'au
sous-sol; et, comme ils seraient renouvelés de temps à autre, ils suivraient
et les progrès de l'industrie et les exigences des goûts de luxe et de bien-
être. — En premier lieu, le toit n'offrira plus aux regards cette calotte de
zinc blême qui enlaidit la rue de Rivoli; il ne se hérissera pas de cette forêt
de tuyaux qui déshonorent les deux bâtiments de Gabriel sur la place
Louis XV, les Tuileries et tous nos édifices publics; mais, comme une femme
élégamment mise ne se montre pas avec une chevelure en désordre, de
même la maison sera coquette depuis son faîte jusqu'à sa base. Les tuiles
moulées de diverses formes et émaillées de plusieurs couleurs seront disposées par emboîtage ingénieux, de manière à combiner un double dessin

de forme et de couleur. Les faîtières et les pignons des toits, les supports des paratonnerres, ainsi que le petit nombre des cheminées qui subsisteront quand le gaz sera employé partout comme combustible, deviendront des motifs charmants d'ornementation en faïence émaillée. — Pour toutes les saillies, l'édilité rapportera les articles de ses règlements qui entravent la liberté de l'artiste, et les architectes se laisseront aller à la fantaisie de leur imagination pour introduire dans l'habitation une foule de dispositions d'une physionomie aussi piquante au dehors qu'elles seront d'un usage commode au dedans. Sur ces saillies, on disposera des fleurs; sur ces balustrades et appuis de balcon, on imaginera des combinaisons mathématiques qui permettront d'introduire toutes les lettres de l'alphabet dans les ornements, de manière à annoncer les industries qui se logent aux divers étages et à changer avec le changement des locataires. Ces inscriptions rappelleront celles de l'Orient et du moyen âge pour la grâce, et rendront possible la défense absolue de cet affreux bariolage d'affiches dont on couvre les maisons des quartiers commerçants. — Décoration intérieure. — Devantures des boutiques. — Les marchands de Paris ont dans leurs mains la plus belle part de l'élégance de la capitale. Du style et du bon goût des boutiques dépend en grande partie la bonne impression causée sur les étrangers, impression qui se produit depuis le lever du soleil jusqu'à l'extinction du dernier bec de gaz, impression qui fait le renom de Paris. — Ornementation extérieure et intérieure des boutiques. — Grilles de marchands de vin et de bouchers. — Volets en tôle émaillée égayant les rues de leurs belles peintures, au lieu de les attrister pendant toute la journée du dimanche. — Emploi de glaces immenses et d'armatures délicatement travaillées d'après des modèles bien étudiés; une devanture de boutique est un motif d'architecture des plus féconds. — Place réservée pour l'enseigne de manière à faciliter un retour à cette vieille habitude si favorable aux arts. — Au bas des modèles peints de ces habitations en projets, se trouveraient des tableaux offrant les différents plans des aménagements intérieurs qui peuvent s'y adapter, les devis des dépenses et les prix des loyers, ceux-ci comprenant : 1° le gaz d'éclairage; 2° le gaz de chauffage; 3° la participation au calorifère; 4° l'eau froide et chaude; 5° l'heure et le cours de la bourse électriques; 6° les conduits acoustiques communiquant avec le parloir. Chacun de ces avantages destiné à compenser la pénurie d'espace dont on se plaint avec tant de raison dans nos demeures. — Ces modèles peints de projets d'architecture ne sont pas d'invention nouvelle. — Décoration figurant des monuments peinte par de grands artistes dans les fêtes italiennes du xvı° siècle. — En 1809, Chalgrin monta le modèle peint de l'arc de triomphe de l'Étoile, et l'effet en fut immense. — Si l'association dans la demeure rend la vie possible en face de la cherté, l'association dans les constructions rendra la ville possible en face des marées montantes de voyageurs subitement produites par les chemins de fer et les bateaux à vapeur. — Les caravansérails de l'Orient. — Les clubs de Londres. — Les auberges de

Francfort. — Les hôtels garnis de Paris. — Déjà dans l'antiquité on cons-
truisait par association; à Palmyre, à Aphrodisias du Méandre, chaque colonne des temples et des portiques porte le nom et quelquefois le buste
de celui qui l'a donnée. — Paris ainsi complété en monuments et en maisons qui seront des monuments, ainsi épousseté comme un objet d'art, lavé
et nettoyé comme une personne vivante, Paris ne deviendrait pas monumental, s'il devait maintenir les disparates que font dans ses rues les maisons de hauteurs différentes qui conservent la dentelure déplaisante de leurs
inutiles pierres d'attente, et qui laissent en évidence ces grands pans de mur
à l'état brut et inachevés que le temps noircit, que d'insipides enseignes
bariolent. — Favoriser des arrangements à l'amiable entre propriétaires
voisins pour qu'ils exhaussent leurs maisons ou pour qu'ils souffrent une
servitude qui permettra l'ouverture de jours dans le mur mitoyen. Les
propriétaires ainsi avantagés décoreront ces pignons dans un bon style
d'architecture. Quand l'arrangement sera reconnu impossible, la ville char-
gera des artistes de peindre à fresque, sur ces murs, de grandes scènes historiques, ou elle fera tracer au milieu de riches encadrements des sentences
morales qui se gravent dans le souvenir. — Quelle immense perspective
d'admirables travaux, quelles données heureuses pour l'homme de talent,
quelle excellente école pour les jeunes gens qui suivront, sous la direction
des maîtres, l'exécution de ces grandes constructions! Ne serait-ce pas un
crime de lèse-nation que de négliger ces magnifiques occasions, que de
donner à Paris, à la France, à l'Europe, le spectacle de l'impuissance aux
prises avec les plus séduisants programmes? Et j'appelle impuissance la
nullité de l'invention, la platitude des idées, le ressassement des mêmes
pauvretés, tout ce qui nous menace enfin, si une grande unité ne résulte
pas d'une forte impulsion. — SCULPTURE. L'architecture appelle la sculpture
et la peinture à son aide pour compléter l'ornementation de ses constructions; mais les sculpteurs ont leur mission particulière, et il faut leur faciliter les occasions de se manifester. — Les œuvres de la statuaire maintiennent le goût public, parce qu'elles ne se produisent nulle part aussi
bien qu'en plein air. — Dans nos rues, sur les places, au milieu des promenades et des jardins, sur nos ponts et sur nos quais, les statues parlent
aux passants, et elles obligent les plus indifférents à arrêter un instant
leurs pensées sur une œuvre d'art. — Dans les hommages rendus aux citoyens illustres, la mission du Gouvernement est allégée par le concours
des particuliers. — L'État consacre les hauts faits de l'histoire, les grands
principes de la morale, les douces scènes de la religion; les citoyens, associés entre eux, rendent hommage au mérite individuel, retentissant ou mé-
connu. — Le culte des glorieux souvenirs, la reconnaissance pour les services rendus, sont des sentiments que les générations modernes partagent
avec les générations antiques. — La sculpture possède là un programme
noble, sérieux, élevé; les artistes, une source d'inspirations, dans l'enthousiasme populaire le stimulant le plus vif, et dans la destination marquée sur

la voie publique les conditions les plus sages. — Depuis trente ans, le concours des citoyens a été chaque jour plus libéral, et de tous côtés s'élèvent des statues par souscription nationale. — En dépit de cette générosité, ou par suite d'une générosité qui tient du hasard et de ses caprices, il y a de vrais grands hommes qui n'ont pas encore de statues, quand des hommes qui n'ont rien eu de grand dans leur vie ont déjà les leurs. A celui-ci on accorde difficilement une inscription, à celui-là un buste, à un troisième une statue colossale, et il se trouve que le mérite diminue à mesure que l'hommage grandit. — Il y a une justice pour les morts. — Instituer un jury bienveillant, facile, indulgent, dont les avis motivés pourront provoquer les générosités ou les modérer, et qui aura un crédit sur le budget pour s'associer aux bonnes pensées. — Quel doit être le style de la statuaire isolée et indépendante de l'architecture ? — Du costume qui convient aux illustrations modernes. — Statues dans les jardins. — Leur signification. — Inscriptions qui les expliquent.— Catalogue qui les commente.— Heureuse association de la sculpture avec les perspectives de l'architecture et l'encadrement des arbres. — Du nettoyage périodique des statues. — Les vases de marbre, de bronze et de faïence émaillée, composés par des artistes du premier mérite. — Modèles donnés par l'antiquité, renouvelés par la Renaissance.—Vases de Balin, à Versailles.—Les vases de tout le jardin du Luxembourg, du jardin des Tuileries sur la rue de Rivoli, et autres lieux publics, sont des produits de tourneur, qui n'ont pas même l'élégance du galbe pour excuser leur insipide monotonie. — Programme de grandes décorations sculpturales. — Emplacements qui peuvent être embellis par des statues. — Les entrées de la ville. — Les grandes avenues. — Le Champ-de-Mars. — L'esplanade des Invalides. — Les rampes de la Seine entre le pont de la Concorde et le pont Neuf. — Les places et les carrefours de plusieurs rues devraient être ornés de grands groupes. — Conserver présent à l'esprit le groupe du taureau Farnèse. — Aura-t-on des objections contre cette population de statues mêlée à la population vivante ?— La nation qui a le mieux compris l'influence heureuse des arts et l'élégance appliquée à toutes choses nous a donné l'exemple. — Les Grecs avaient toutes sortes d'indulgence pour les mérites du personnage, quand un grand artiste se chargeait de le représenter. — Au ive siècle avant J.-C., Démétrius de Phalère vit dresser en son honneur, à Athènes seulement, 3oo statues pendant son habile administration des intérêts de la ville et de l'Attique, 3oo statues représentant un même homme, toutes érigées dans l'espace de dix années, toutes détruites, il est vrai, dans un jour d'émeute, à l'exception d'une seule, que son rival heureux conserva comme échantillon des 299 autres. Ces libéralités pouvaient se concilier avec le maintien des principes de l'art, parce que le nombre des artistes était immense et leur soumission au chef d'école absolue. Qu'était-ce que 3oo statues, quand Lysippe, l'un des plus grands sculpteurs de Sicyone et de la Grèce, a pu dans sa courte carrière, et bien que réputé pour la perfection apportée à son

travail, en faire 1,500 à lui seul, j'entends assisté d'un monde d'élèves? —
Il n'est pas douteux cependant qu'avec la décadence de l'art cette production énorme ne dût précipiter l'altération du goût. — On en était venu à
s'ériger des statues à soi-même, et Lucius Sisenna Bassus léguait à Carthage
les fonds nécessaires pour qu'on lui refît tous les sept ans une nouvelle statue. — Il ne me semble pas impossible de profiter de l'exemple des Grecs
à la belle époque de leur civilisation et de leur art. — Une rue d'Athènes
avait pris son nom de tous les trépieds que chaque tribu victorieuse dans les
concours de chant et de danse y avait élevés sur de riches monuments d'architecture; pourquoi les sociétés chorales de la France, luttant dans des
réunions musicales, pourquoi les spectateurs qui applaudissent tel acteur
ou telle actrice, n'imiteraient-ils pas les Athéniens, en transformant les rues
qui aboutissent aux théâtres en avenues triomphales de tous les succès? —
Les anciens remplissaient les jardins d'Olympie, les cirques, les stades et les
hippodromes de statues et de groupes en l'honneur des vainqueurs dans
tous les genres de lutte; pourquoi ne pas demander au Jockey-Club, en
échange de quelques avantages, de réserver sur ses recettes les fonds nécessaires pour élever, sur les hippodromes de Paris et de Chantilly, les portraits de quelques-uns des vainqueurs, j'entends des chevaux, que Barye,
Fremiet ou Gayrard rendraient avec la vérité de la ressemblance et le style
d'un monument? — Dans les écoles de gymnastique, dans les jeux de paume,
salles d'escrime, manèges d'équitation, des talents éminents excitent l'admiration d'une foule de connaisseurs, motifs suffisants pour demander à
l'art de perpétuer le souvenir de leur supériorité. — Pourquoi concéder
aux sociétés de chasses à courre les forêts de l'État sans leur faire contracter
en même temps l'engagement de placer au lieu ordinaire des rendez-vous,
dans le quartier habituel des hallali, ou à l'endroit devenu célèbre par un
accident mémorable, quelque groupe rappelant ou la belle poursuite des
chiens, ou la noble résistance de l'animal, ou la mort d'un cheval, ou
la blessure d'un chasseur? Ces monuments de la sculpture deviendraient des
points de repère dans la forêt, et ils conserveraient, avec les noms des ve-
neurs et ceux des chiens de meute, le souvenir de nobles plaisirs trop vite
effacés. — Dans un ordre d'idées différent et plus élevé, la piété des populations serait réveillée et réveillerait l'art lui-même, si on s'associait à elle
pour élever les Notre-Dame colossales au haut des montagnes, pour tailler
les roches en figures de saints, pour renouveler ces calvaires et mises au
tombeau, qui furent l'enseignement des arts et le maintien du goût public
pendant le moyen âge, et qui reprendraient de nos jours leur énergique
influence, s'ils étaient confiés à des artistes assez sûrs d'eux-mêmes pour
aborder franchement le réalisme dans ses conditions de vérité naïve et de
style simple. L'occasion est excellente pour les tentatives hardies. L'artiste
ne refoule pas en lui les témérités de son imagination, quand il s'adresse aux
masses qui trouvent dans leur enthousiasme naïf des témérités de sympathie.
—Polychromie de la statuaire. De la sculpture peinte chez les Grecs et les

Étrusques. — Statuaire chryséléphantine. — Les statues des ancêtres chez les Romains. — Les statues peintes de l'architecture du moyen âge, toute la statuaire de cette époque coloriée. — L'ornementation peinte des Arabes. — Les rondes bosses émaillées composées de morceaux de faïence rapportés, œuvres saisissantes des admirables sculpteurs qui portent le nom de della Robbia. — Les tentatives généreuses de Bernard Palissy dans le même sentiment. — Les cires modelées et colorées par les plus grands artistes de la Renaissance. — Les cires du même genre de Montagnès et d'autres artistes espagnols du xviiᵉ siècle. — Les portraits en médaillon d'Antoine Benoist à la fin du xviiᵉ siècle, portraits modelés en cire et coloriés d'après nature, dont les contemporains, amateurs du meilleur goût, se sont épris, dont Abraham Bosse disait : « Et pour les beaux et surprenants portraits en cire de M. Benoist, je dis encore que, si ceux qui ont prétendu les mépriser en avaient vu comme moi, à qui il a donné l'air de vie par une gaieté souriante, ils n'auraient peut-être pas été si prompts à déclamer contre une si belle invention. » — Toutes ces tentatives difficiles ont été abordées timidement par des gens de goût et de talent, et presque aussitôt compromises avec impudence par des gens sans goût et sans talent; mais, en dépit de ces insuccès, ce sont des essais généreux et féconds qui devraient être renouvelés avec une conviction sérieuse, poursuivis avec l'aide de toutes les découvertes modernes, encouragés avec libéralité. — Cette polychromie de la sculpture surgira comme une conséquence nécessaire de la polychromie de l'architecture. Un artiste ne peut se figurer une Minerve d'ivoire, d'or de diverses couleurs, ayant les prunelles de pierres précieuses colorées, dans la cella d'un Parthénon éclatant de blancheur; et sans être artiste, en entrant dans la Sainte-Chapelle, chacun reculerait devant une sainte Vierge de marbre blanc qui semblerait, au milieu de ces murailles harmonieusement peintes, un spectre dans son linceul. — Polychromie de l'architecture. Son usage général en Égypte et en Asie. — Son adoption modérée par les Grecs. — Sa continuation traditionnelle chez les Byzantins, les Orientaux et dans tout le moyen âge occidental. — Sa renaissance de nos jours. — Winckelmann. — Quatremère de Quincy. — Hittorf. — Semper. — Owen Johnes. — Toutes les renaissances ont en elles une sève printanière qui colore leurs produits. Si je voyais le goût public s'éprendre vivement de la polychromie, je pressentirais comme un symptôme du renouvellement de l'art. Malheureusement on fait de la polychromie un coloriage de l'architecture, c'est-à-dire un contre-sens de la vraie polychromie. De même que les enfants colorient des gravures qui ont déjà toute leur signification de couleur par l'intensité d'ombre et d'effet que le graveur a donnée à sa planche, de même aussi nos architectes construisent leurs monuments, et, une fois terminés, ils demandent à l'Administration si elle entend qu'ils restent blancs ou qu'ils deviennent polychromes. Les architectes de l'antiquité ne comprenaient pas ainsi l'association des arts. En concevant un monument, ils le faisaient sortir de leur cerveau tout armé comme

Minerve, c'est-à-dire sculpté et colorié. Telle surface avait sa valeur par la couleur qui devait la couvrir; tel chapiteau, telle architrave, telle frise, sa forme, son galbe et ses dimensions suivant les prévisions d'un complément par la peinture. Ainsi s'expliquent les fausses interprétations que nous faisons des monuments grecs : nous les imitons tels qu'ils sont, sans nous rendre compte de ce qu'ils étaient et de ce qu'ils devaient nécessairement être dans les idées de l'artiste créateur; ainsi s'explique l'heureuse harmonie des monuments du moyen âge. Les architectes de cette époque ont été leurs propres décorateurs, et la plupart de leurs grands partis, de leurs dispositions fondamentales, ne sont compréhensibles qu'en admettant ou en rétablissant les couleurs qu'ils s'étaient réservées en concevant le plan et les proportions de leurs monuments. — La peinture appliquée après coup aux édifices par des peintres, sans le concours des architectes, est encore plus étrangère à cette heureuse association qui a formé l'architecture polychrome. C'est un embellissement qui peut être heureux quand, par suite de certaines circonstances, comme l'exubérance des talents au XVI⁰ siècle en Italie, des artistes éminents consentent à monter sur les échafauds et à peindre les maisons. L'admirable Giorgione couvrait ainsi de ses magnifiques peintures, vrai manteau royal, les palais de Venise, et la république, reconstruisant, en 1507, l'entrepôt des marchands de l'Allemagne, lui confia la décoration d'une des façades, en même temps qu'elle abandonnait l'autre au talent du Titien. Giorgione et son camarade savaient bien qu'ils livraient aux intempéries des saisons ces productions de leur génie, mais alors l'artiste de talent comme l'homme d'esprit n'avaient pas tant de soin de leurs ouvrages ou de leurs bons mots : à la prodigalité des créations ils joignaient l'insouciance pour leur destinée ; ou peut-être savaient-ils qu'une parole éloquente ne se perd jamais, fût-elle prononcée dans le désert. Giorgione et le Titien peignaient donc les façades des maisons de Venise; Raphaël faisait de vastes compositions dans le même but à Rome, simultanément avec cinquante autres artistes qui, depuis le Mantegne jusqu'à Polydore de Caravage, se sont appliqués à ces travaux. Toutes les villes d'Italie avaient ainsi leur musée en plein soleil, et cette coutume pénétra en Allemagne avec les influences de ce pays. Augsbourg et Munich, par exemple, en ont prolongé la pratique jusqu'au siècle dernier, en dépit d'un climat humide, et on la retrouve encore dans la rivière de Gênes maintenue, mais bien altérée. Je voudrais que cette habitude revînt à la mode dans notre France, dans notre belle capitale. C'est un programme excellent pour l'artiste, parce que c'est de l'art à destination fixe. Il sait ce qu'il fait et pourquoi il le fait; c'est, en outre, une influence active, parce que cet art en plein vent va chercher celui qui ne le cherche pas, qui l'éviterait au besoin. Il forme le goût public et réalise la pensée des anciens : *Pictor res communis terrarum est.* C'est dans ce même but que j'ai demandé des vitraux ou plutôt des vitres peintes pour nos halles et nos casernes, nos gares de chemins de fer et nos rues couvertes. A la Halle, on reproduirait la *Pêche miraculeuse* de Raphaël et le tableau de Ma-

6.

lines peint par Rubens pour la corporation des poissonniers ; on peindrait
des chasses et des scènes de la nature; à la caserne, les batailles; dans les
gares des chemins de fer, les costumes, les types et les monuments de tous
les pays. — L'art n'ose pas assez parmi nous. — L'État devrait tout tenter.
— Le public est défiant avec la médiocrité hésitante, il se soumettra aux
innovations et aux audaces du génie. — Dans cet ordre d'idées, on reviendra à l'architecture feinte, et elle aura les emplois les plus heureux dans nos
villes pour décorer les affreux pignons de mitoyenneté, pour prolonger les
perspectives de nos cours étroites, pour animer notre architecture.—Quand
on parle de cette extension de l'art, chacun pense aux ridicules badigeonnages qu'un vitrier du coin aura tracé sur le mur de quelque guinguette des
environs de Paris, comme, lorsqu'on vante la sculpture polychrome, l'imagination va d'un bond dans l'ancien musée Curtius et dans les salons de
nos coiffeurs. C'est faire preuve de beaucoup d'inexpérience des belles
choses et d'une imagination aussi bornée que lente. — Ayez une opinion sur
l'architecture feinte quand vous aurez admiré de vos yeux la Farnésine à
Rome, quand vous aurez lu dans Vasari quelle admiration excitèrent ces
peintures chez tous les hommes de goût et les éloges que le grand biographe
leur donne. Autrement, si l'on rit, on fait rire de soi-même.

MAINTIEN DU GOÛT PAR LES EMBELLISSEMENTS DE LA VOIE PUBLIQUE.

Une ville n'est pas monumentale par ses monuments seuls, et le goût
public ne se maintient pas uniquement par la vue des édifices grandioses et
des productions artistes; il se maintient aussi par un ensemble de bonne
tenue qui est pour une cité sa décence, son élégance, son luxe. — Paris
n'est pas et ne doit pas être tout en France, mais il sera le modèle par
excellence. Ce qu'Athènes était dans la Grèce et au milieu des colonies
grecques, ce que Rome fut pendant cinq siècles, Paris peut le devenir par
la majesté de l'art. Comme Rome, dans toute l'étendue du monde antique
s'appelait *urbs*, la ville par excellence, comme le roi de France a été *le Roi*
au-dessus des rois, jusqu'à la mort de Louis XIV, ainsi Paris, comme centre
des sciences, des lettres et des arts, doit être toujours *la ville, la grand'ville*.
Paris ne surpassera pas Londres en étendue, ni Saint-Pétersbourg en
régularité de percements, ni Rome par la grandeur des monuments, ni les
villes de la Hollande par la propreté extérieure; mais Paris peut se distinguer entre toutes les villes par le goût pur de ses constructions, l'exécution
châtiée, le soin recherché, la perfection des moindres détails et cette préoccupation délicate qui ne souffre le mauvais nulle part et dissimule même
le médiocre. — LA PROPRETÉ. La propreté, premier degré de l'élégance,
est à elle seule une élégance. C'est une amélioration morale et un élément
d'hygiène privée quand elle se produit sur l'individu, c'est un embellissement public quand elle s'applique aux villes. La propreté prise en général est
moralisatrice, et ce qu'elle a de particulier et de singulièrement fécond,

c'est que son influence est contagieuse. Habituez les hommes à la propreté, et après avoir appris à se respecter eux-mêmes, ils apprendront à respecter tout ce qui est respectable; introduisez la propreté dans les monuments et dans les rues d'une ville, aussitôt cette propreté s'étendra d'elle-même aux maisons des particuliers et à leurs personnes. — L'État doit donner l'exemple et fournir les moyens : l'exemple, en raffinant de propreté par l'entretien de ses monuments, par la transformation des rues et leur balayage, par le maintien de la décence publique; les moyens, en répandant l'eau gratuitement et à profusion dans des fontaines nombreuses, dans des bains gratuits ou à bas prix, dans des buanderies accessibles au plus pauvre. — LES EAUX. La beauté et la grandeur d'une ville est dans la bonté et dans l'abondance de ses eaux. — L'antiquité. — L'Orient. — Rome. — Les Arabes d'Espagne. — Comparé au passé, comparé même à plusieurs villes modernes, Paris est, sous ce rapport, dans un état d'infériorité déplorable. — Des hommes, transformés en bêtes de somme, montent des seaux d'eau dans les maisons; d'autres hommes, et même des femmes, transformés en bêtes de trait, tirent péniblement des tonneaux d'eau dans les rues. — Projets d'avenir. — LE PAVAGE. Avant Philippe-Auguste, le sol des rues de Paris était composé de terre et de pierres formant, pendant la sécheresse de l'été, un sol friable que le vent enlevait en flots de poussière, et, pendant l'hiver, une mare de boue sale et infecte. Le roi fut choqué de cette barbarie, et il inventa le pavé. C'était pour son temps fort habile; mais le pavé le mieux fait forme une mosaïque de cubes de grès qui laisse suinter dans leurs intervalles la boue livide et puante sur laquelle elle repose. Qu'on se figure une écumoire pressée sur une marmite remplie. — Nécessité absolue de renouveler le revêtement du sol parisien. — On a fait en Angleterre, et particulièrement à Londres, des essais coûteux de chaussées en bois, en fer, en blocs de faïence, en pavés de granit de Cherbourg. — Rien n'a réussi. — Quel est le problème pour Paris ? — Trouver une matière dure qui résiste aux pieds des chevaux, diminue la traction des roues et arrête le passage de l'eau qui tombe du ciel et va humecter la terre, et aussi le passage de la boue qui sort de terre et se transforme en poussière. — L'asphalte métallique, c'est-à-dire mélangé avec le minerai de fer étendu sur un fond empierré et maçonné en chaux hydraulique, comme les anciens construisaient leurs chaussées, répond à toutes les exigences du programme le plus exigeant et ne soulève qu'une seule objection. Les cochers se persuadent que leurs chevaux ont le pied moins sûr quand il porte toujours sur une surface égale que lorsqu'il est toujours à faux sur des pavés bossus et d'inégal niveau. Mais, si ces automédons attardés savaient que tout Florence et tout Naples, qui ne sont pourtant pas des villages, ont leurs rues tortueuses entièrement dallées et offrent une surface unie bien autrement glissante que l'asphalte, qui a de l'élasticité; s'ils avaient vu les cochers napolitains, qui ne sont pas plus adroits qu'eux, conduire sur cette glace, à bride abattue, des carrioles légères au triple galop de leurs chevaux fringants, ils se seraient fait ce

simple raisonnement : le cheval passant brusquement du pavé à l'asphalte,
et n'étant pas averti par son instinct, glisse et s'écarte au moment de la transition ; mais, si toute la ville était garnie de la même manière, il s'y ferait
le pied, et, rencontrant une traction moitié moindre, il enlèverait un
poids double avec une vitesse plus grande. Il y va de l'honneur municipal
de nous délivrer d'un pavé barbare, bruyant, cahotant et tellement crotté,
qu'en pertes de souliers, de bas, de robes et de pantalons, en altération par
la poussière de marchandises de luxe exposées dans les magasins, ce pavé
représente une dépréciation incalculable. Avec le revêtement d'asphalte,
plus de boue, plus de poussière, plus d'ébranlement sinistre et de bruit
assourdissant ; la propreté dans la rue, la tranquillité au chevet et la conversation redevenue possible au foyer. — LES ÉGOUTS. Ce mot résonne mal aux
oreilles, il est entaché de vingt siècles d'infection ; désormais l'architecture
le réhabilitera en en faisant la voie monumentale de l'utilité publique, au-
près de laquelle la Cloaca Maxima de Rome ne serait qu'une ruelle. Paris
n'a songé à se construire des égouts qu'après avoir bâti ses monuments.
Là est son tort et la difficulté. — Système général de grands égouts et
d'égouts ménagers desservant chaque maison. — L'ENLÈVEMENT DES BOUES.
Paris est aujourd'hui divisé en un nombre infini de petits cantonnements
reconnus suffisants pour la charge d'un tombereau, et concédés à un cultivateur qui vient, dans le plus simple appareil, accompagné de sa femme en
haillons, suivi d'une charrette démantibulée, attelée d'une rosse affreuse,
que précède un âne têtu, qui vient, dis-je, recueillir les ordures jetées devant les maisons, et dont il répand une partie sur sa route. L'édilité parisienne a droit de tirer profit de tout, excepté de ce qui choque les yeux et le
goût. Il se passera vingt-cinq ans avant la réalisation complète du système
général des égouts ; jusque-là Paris continuera à vendre ses boues, mais en
imposant à l'adjudicataire la condition de les faire enlever par des tombereaux de modèles uniformes, peints et tenus proprement à l'extérieur, se
fermant à couvercle quand ils sont remplis, et ne laissant pas suinter leur
contenu à travers des planches mal jointes ; ces tombereaux, attelés d'un
vigoureux cheval, n'encombreront pas les rues, et leurs conducteurs, vêtus
uniformément, seront à la fois convenables et reconnaissables. Si les riches,
qui ne laissent pénétrer le jour dans leur appartement que tard, ignorent
ce qui se passe dans la rue avant midi, il est une population estimable qui
se lève plus tôt, et qui a besoin en toutes circonstances de s'habituer à l'idée
de propreté par une sorte de dignité urbaine partout répandue. — LE BA-
LAYAGE. De même que nous avons, depuis février 1848, deux genres de pro-
priétés, la propriété nationale et la propriété individuelle, l'une protégée
par des affiches, l'autre abandonnée aux hasards de la convoitise, de même
il s'est conservé deux balayages, l'un qui s'exécute par les soins de la municipalité et qui est la propreté officielle, l'autre qui incombe aux habitants et
qui est la malpropreté générale. Le jour où les égouts seront partout établis,
et où le sol sera revêtu de sa carapace d'asphalte, le balayage sera un service

municipal, exécuté non plus, comme aujourd'hui, par des pauvres engue-
nillés ou costumés comme au carnaval, mais par des employés uniformément vêtus, sous la conduite de caporaux et de sergents en uniforme. — LA
PROPRETÉ DES MONUMENTS. La rue étant propre, la boue et par suite la poussière supprimée, la fumée des usines consumée dans leurs fourneaux, la
fumée des cheminées n'ayant plus de raison d'être par suite de l'emploi
général du gaz comme combustible, nos monuments seront facilement en-
tretenus propres sans être soumis au grattage, qui est leur ruine. Le grattage
ne peut être exécuté que par des manœuvres, et il enlève aux sculptures
ces quelques millimètres d'épaisseur que l'artiste s'était réservés pour im-
primer à son œuvre l'accent et la vie. — On peut calculer mathématique-
ment combien de fois le Palais-Royal, gratté pour la seconde ou troisième
fois en 1849, peut supporter encore d'opérations de ce genre. — Nous avons
une pierre admirable, d'un ton jaunâtre délicieux, que le temps rend gri-
sonnant dans une teinte harmonieuse. Elle n'a qu'un ennemi, c'est une
petite araignée qui cherche les pores du calcaire, s'y installe et tend sa
toile tout autour. Elles pullulent, et en moins de dix ans le monument est
peuplé de ces insectes et enveloppé dans leurs toiles. Alors la boue trans-
formée en poussière et le charbon volatilisé par la fumée s'accrochent à
ces toiles et forment une croûte qui, humectée par la pluie, s'imprègne
dans la pierre. Si donc on appliquait à toutes les façades le procédé de
M. Rochas pour la silicatisation des pierres, procédé qui leur conserve leur
teinte naturelle et leur porosité indispensable, si en même temps on les
lavait et brossait à grande eau, pendant les journées de soleil, à l'entrée de
l'hiver et du printemps, tout grattage deviendrait inutile, et le monument
serait assuré d'une jeunesse éternelle. — En Hollande, vous voyez, tous les
samedis, la ménagère ou sa servante sortir de la maison avec un seau d'eau
et une pompe. En moins d'une demi-heure une pluie d'eau, lancée jusqu'au
faîte de la maison, a ruisselé contre les fenêtres et contre les murs, en-
traînant avec elle toute la poussière et rendant à la peinture à l'huile et au
vernis tout son éclat. Quand l'opération est terminée, le trottoir de la rue est
lavé avec autant de soin que le carrelage du vestibule. Cette propreté extérieure des maisons est devenue, par le fait de l'habitude, un trait de mœurs;
mais on n'a pas séjourné six mois dans le pays, qu'on l'adopte comme un
devoir social, tant le bien a son principe contagieux comme le mal. — Il
y aura dans Paris des compagnies chargées par quartier de faire la toilette
de ses maisons. Avec l'aide des puissantes conduites d'eau de la ville, elles
auront lavé les façades de toute une rue avant même que ses habitants soient
levés. — LA DÉCENCE PUBLIQUE. Ce que je viens de dire de la contagion de la
propreté s'applique à la contagion de la malpropreté. — Le maintien du
goût public est intéressé dans cette déplaisante question. — L'administration municipale, au lieu de pourvoir à un besoin public, comme c'était son
devoir, a eu la faiblesse de se prêter à une négligence coupable, à un laisser-
aller aussi indigne d'un peuple civilisé qu'il est contraire à toutes les

règles de la morale, de l'honnêteté et de la décence. Ce qu'elle devait en-
traver, elle le provoque ; ce qu'elle devait cacher, elle l'étale dans nos plus
belles rues et sur nos promenades, élevant une forêt de colonnes triomphales à cette victoire du sans-gêne. — N'aurait-elle pas d'autres obliga-
tions ? — De même que les cochers de voitures de louage ont trouvé dans
toutes les rues des boutiques qu'ils ont transformées en remises pour abriter
leurs chevaux, de même la ville trouvera, à prix d'argent, un millier de
boutiques qu'elle transformera à l'usage de ses habitants. Elle exigera en
même temps des cafés, des restaurants, des marchands de vins et des
théâtres, qu'ils ouvrent à leur clientèle, dans l'intérieur de leur établissement, de vastes et commodes dégagements ; puis, lorsqu'elle aura inscrit au
coin de toutes ses rues, et pour la nuit sur ses réverbères, l'adresse de la
boutique la plus voisine consacrée à cet usage, quand elle aura écrit en gros
caractères, aux endroits que le public avait pris en habitude : *Respectez vos
filles, vos femmes et vous-même !* alors elle exigera de ses préposés, des sergents de ville et des sentinelles, la répression la plus rigoureuse de toute
contravention, une répression qu'il suffit de faire humiliante pour la rendre
immédiatement efficace, tant est naturel et comme inné le sentiment de
pudeur qu'on a laissé se corrompre. Je n'accepte aucun autre palliatif à ce
mal honteux. L'art, qui donne de l'élégance à toutes choses, comme je me
suis efforcé de le démontrer, est impuissant dans ces circonstances. Vous
transformeriez chacune de vos affreuses colonnes en édicules élégants et gracieux, comme le monument choragique de Lysicrate, que vous n'en dissi-
muleriez pas l'ignoble destination ; on n'orne pas la boue, on n'embellit pas
le vice, on le cache, et la ville est assez riche pour payer sa décence.— LA
CIRCULATION. Cette part de l'activité des cités intéresse les arts par les percements de rues et les constructions neuves qu'elle exige, par les idées nouvelles qu'elle suggère, par la part de luxe et d'élégance qu'elle sollicite. Je
dirai à l'édilité parisienne : Agissez avec grandeur, ne vous laissez pas sur-
prendre par la marée montante de cette population envahissante ; admettez
que Paris comptera trois millions d'habitants avant la fin de ce siècle, et que
tous vos projets soient conçus dans cette prévision. Quand tout grandit autour de vous, ne laissez pas le goût s'amoindrir. — Les rues de Paris allé-
gées du trop-plein des piétons et des voitures. — Le sous-sol. — Les grandes
communications des chemins de fer souterrains vont s'établir ; à d'immenses
galeries succéderont de vastes salles de réunion pour les voyageurs et pour les
marchandises ; des escaliers et des rampes embelliront ces dispositions nouvelles de l'architecture, qui peuvent d'autant mieux prendre un caractère
monumental qu'une lumière magnifique, bien qu'artificielle, les éclairera
continuellement. Cette architecture souterraine doit porter l'empreinte
d'une grande solidité, être sévère en évitant de devenir sépulcrale, être élégante en repoussant toute coquetterie ; en résumé, elle doit naître d'elle-
même et éclater, pour ainsi dire, dans les mains d'un homme imbu des
grands enseignements de l'antiquité. — Nécessité de pourvoir à la circula-

tion des piétons en créant des voies nouvelles, les unes aériennes, les autres
souterraines. Les voies aériennes serviront à longer les grandes artères en-
combrées, comme les rues Saint-Martin, Saint-Denis, Richelieu et autres.
Des entrepreneurs trouveront profit à percer la partie supérieure des mai ·
sons et à transformer des mansardes et des greniers en bazars continus, avec
ponts de fer jetés sur les rues. La clientèle de ces nouveaux passages ne
craindra pas de monter haut, quand on lui donnera, en compensation d'un
peu de fatigue, un moyen d'aller à son but à l'abri du froid, de la pluie ou
des rayons ardents du soleil, en étant garantie des chevaux et des voitures,
en trouvant sur son passage une occasion de se fournir de toutes choses ou
de se distraire en marchant. Des architectes de talent, chargés de construire les grands escaliers conduisant à ces passages et les ponts hardis
jetés sur les rues, de disposer ces belles galeries inondées de jour et, le soir,
de lumières, trouveraient, dans l'inattendu de ces dispositions, des inspirations du plus grand effet. Ces voies aériennes, qui sembleront des asiles
de tranquillité à côté du bruit de la rue, devront s'arrêter devant les grandes
rues, les boulevards et les places dont le caractère monumental ne comporte
pas l'interruption de leurs lignes architectoniques ou de leurs perspectives
pittoresques par des ponts couverts. Non que je désespère des ressources de
l'art, qui sait, comme au pont du Rialto, à Venise, dissimuler par ses beautés le tort qu'il fait à la vue; mais je conçois qu'on réserve les effets grandioses de ces ponts jetés dans l'espace pour les rues de seconde grandeur,
et qu'on ne les autorise pas dans les autres. Mais alors comment faire pour
donner, dans un certain nombre de directions, une protection équitable à
la femme âgée que des soins respectables appellent au dehors, et pour qui
Paris devient, au milieu du jour, un antre de l'enfer, à la mère qui conduit
ses petits enfans, et, comme une poule au milieu d'une meute, semble se
multiplier par sa sollicitude, à l'homme enfin dont la gloire couronne les
infirmités, mais qui n'a plus, pour éviter les dangers des voitures, les
jambes qu'il a perdues en affrontant les charges de la cavalerie ennemie?
A tant de faiblesses intéressantes, à tant de dangers réels, à tant de craintes
imaginaires, il faut trouver un remède, au risque de rendre Paris inhabi-
table pour la moitié de ses habitants. Si vous avez le temps de vous arrêter
au coin des rues Saint-Martin, Saint-Denis, Montmartre, Richelieu, là
où elles débouchent sur les boulevards, au coin de la rue Saint-Honoré,
là où elle se croise avec la rue de l'Échelle, aux coins des ponts et dans
vingt endroits, vous verrez des êtres malheureux, se tenant sur le bord
des trottoirs, comme les ombres au bord du Styx, attendant le moment favorable du passage, hésitant entre l'envie de s'élancer et la crainte de se heur-
ter aux voitures, entre la nécessité d'avancer et la prudence qui conseille de
reculer. Vous en aurez pitié, et vous demanderez avec moi qu'on pratique
sous terre de grandes galeries qui déboucheront d'un côté du boulevard à
l'autre, d'un trottoir d'une rue à l'autre trottoir. L'art uni à l'industrie trouvera moyen de rendre monumentales et productives ces voies souterraines.

—Ce que devrait être une rue dans une ville comme Paris [1]. L'asphalte, qui forme désormais sur le sol de toutes les rues de Paris une carapace impénétrable à la boue, qui n'engendre plus de poussière et conserve à l'eau qui s'écoule dans les ruisseaux son courant limpide, transforme la ville en une salle de bal incommensurable. Sous les dalles du trottoir sont pratiqués l'égout ménager, les conduits d'eau et de gaz, les fils électriques des télégraphes et des horloges. Mais on compte à Paris, année moyenne, cent quatre-vingts jours de brouillard et cent quarante jours de pluie; de 1689 à 1824, on a joui trois fois seulement d'un mois entier sans pluie : il faut donc se créer un abri contre ces variations de la température. Sur les gros murs des maisons, au-dessus des plus hautes fenêtres, s'élancent les cintres hardis d'une armature en fer, garnie d'un large vitrage; l'air pénétrera librement par les côtés, la pluie seule sera interceptée, le vent et le froid modérés. Ainsi abritée, la façade de la maison prend un caractère particulier. Au moyen des avances de balcons, de balustrades et d'escaliers extérieurs, elle participe des aménagements intérieurs. Le passant, se sentant garanti, est disposé à s'arrêter devant des boutiques que disposeront les marchands à tous les étages, avec des arrangements favorables à leur séduction. Le passage des voitures sera interdit depuis deux heures jusqu'à dix heures du soir, et, de ce moment, ces rues deviendront des salons. Les négociants auront, pour leur clientèle, des bancs de repos, des orangers parfumés et des corbeilles de fleurs. Il y aura des perruches et des colibris dans les arbres, des coquillages et des poissons rouges dans les ruisseaux. L'industriel qui vendra des nouveautés distribuera des rafraîchissements; il aura un cabinet de lecture, il charmera sa clientèle par une musique délicieuse, et il trouvera profit à retenir ainsi des chalands qui finiront, de guerre ou de plaisirs las, par acheter. La concurrence aidant, on ira plus loin sans doute, laissons faire l'avenir; mais j'entrevois avec joie tous les arts associés pour ajouter quelque belle peinture à ces murs abrités, quelque œuvre distinguée de sculpture se détachant sur la verdure des orangers et des lauriers au milieu de ces groupes assis. — Horloges électriques. Le temps, c'est de l'argent. Une horloge est un mentor, et, comme tout mentor, elle ne doit pas être prise en faute. — Déjà, avant l'ère chrétienne, la ville de Rome était remplie de cadrans solaires, qui réglaient, pour toutes les heures, les travaux et les repas. Plaute met dans la bouche d'un glouton des plaintes contre cet usage. — Nécessité plus grande d'horloges plus exactes. — Départs des chemins de fer, vie affairée. — Voitures publiques. Il y en a vingt mille qui circulent dans Paris, et elles sont aussi malpropres que dépourvues d'élégance. — On ne conçoit pas qu'on puisse montrer dans la capitale d'un pays

---

[1] J'ai annoncé en 1842, sous ce même titre, un volume que je n'ai pas publié, d'autres occupations m'ayant alors détourné de ces études. J'en ai extrait, pour les insérer dans ce chapitre, les idées qui ont encore de l'à-propos; je suis obligé de les retrancher de ce résumé. Voyez *Projets pour l'amélioration et l'embellissement du Xe arrondissement.* Paris, in-4°, 1842, chez Jules Renouard.

civilisé des cochers de fiacre en perruques de laine et en carricks déchirés, traînant leurs pieds dans d'informes sabots hérissés de paille, des cochers d'omnibus en costumes et en accoutrements qui semblent venir en ligne directe du fond de la Laponie. — On ne se croirait pas dans la première ville du continent. — Dorénavant n'accorder aucune concession nouvelle sans imposer toutes les conditions de l'élégance. — Défense de circuler dans les rues de première classe et dans les promenades parisiennes sans en avoir reçu l'autorisation d'une commission, qui ne s'inquiétera ni de la qualité du propriétaire ni du caractère privé ou public de la voiture, mais de son élégance et de la bonté du cheval. — Les charrettes et les voitures à bras faisant leur service le matin. — PLANTATIONS. Ce que j'ai dit du caractère des plantations dans les jardins des résidences s'applique plus rigoureusement encore aux plantations de nos boulevards, de nos quais, de nos places et de quelques-unes de nos rues. — C'est un élément puissant de l'embellissement des villes et un secours apporté à l'architecture, à la condition qu'on choisira les arbres parmi les essences architectoniques, qui, comme le tilleul, le platane, le sycomore et le marronnier, ont une végétation touffue, compacte, arrondie en larges masses, et qui se prête par l'élagage à une certaine régularité. On proscrira par cette raison les vernis du Japon, les acacias et autres essences ébouriffées et désordonnées qui jouent à l'agreste, au campagnard, à la forêt vierge. — Paris n'a rien de pastoral, rien de vierge. — On remplacera, sur la ligne des boulevards et des quais, ces arbres d'essences diverses alignés par le pied, mais dont la tête prend toutes les libertés, toutes les allures vagabondes propres à leur nature. — Les 35,000 arbres de Paris doivent éviter ces manières d'arbres du bal d'Asnières; ils forment l'association sérieuse de la végétation avec l'architecture par la rencontre d'une même harmonie des lignes, d'une même régularité des formes, d'une même continuité des tons. — Les boulevards peuvent, en changeant de nom, changer aussi de plantation; cette variété sera plaisante à la vue; ce changement de physionomie sera, pour les étrangers, un point de repère et un moyen de se reconnaître. — Les places plantées ne sont pas nombreuses. Les principales sont les Champs-Élysées, les Tuileries, les Invalides, le Champ-de-Mars et les rampes de Chaillot; toutes exigent dans leurs cadres de pierre des plantations régulières. — Paris étouffe, on lui donne de l'air et de plus larges rues : c'est bien quelque chose, ce n'est pas assez; il nous faut les jardins, la verdure, l'eau et l'ombre : ce sont pour les citadins comme des fenêtres ouvertes sur la campagne. On a dit de Londres que ses squares étaient ses organes respiratoires; nous n'en sommes pas encore à ce point d'asphyxie, qui rend absolument nécessaire ces ventilations factices, mais nous avons besoin, pour faire valoir la ville monumentale, des ressources incomparables de la végétation. Les anciens les connaissaient bien : les majestueux platanes reposaient la vue dans les rues d'Athènes; le luxe de la verdure était grand à Rome; les Grecs modernes et les Orientaux, qui ont conservé tant de traditions antiques, associent partout la végétation à leur architecture. — Acheter des îlots de maisons et en faire des jardins couverts comme de vastes serres. — Abattre tous les murs de clôture qui emprisonnent les jardins de l'État, au Luxembourg, au jardin des Plantes, au ministère de la guerre, et les remplacer par des grilles élégantes. — Accorder des primes ou des dégrèvements d'impôts aux particuliers qui feront jouir ainsi le public de la vue de leurs arbres et de leurs parterres. — Utiliser le parcours de la rivière. — La Seine n'est pas un fleuve sérieux, fait pour porter des vaisseaux et pour désaltérer des êtres vivants; c'est une élégante naïade, qui se console de son inutilité en regardant ses charmes. La Seine traverse Paris pour l'embellir et le rafraîchir, conservons-lui ce caractère. — Entre le pont Neuf et le pont de la Concorde, les quais de la Seine seront transformés en jardins, vers lesquels on descendra par des rampes monumentales et d'élégants escaliers, quelque chose des splendeurs de l'antiquité et des délices de Bénarès sur les bords du Gange. La végétation ne s'élèvera que de place en place, de manière à créer pour chaque grand édifice, tels que le Louvre et les Tuileries, la grande Chancellerie, le Conseil d'État, l'École des beaux-arts, l'Institut et la Monnaie, un soubassement et un encadrement de verdure. Voyez immédiatement la belle galerie du Louvre sortant du remblai humide qui ronge ses assises et renaissant dans ses proportions primitives, dont nous n'avons aucune idée; voyez en même temps chaque monument et cette longue suite de maisons s'égayer et prendre, pour ainsi dire, des habits de fête. Ces plantations du bord de l'eau se composeront d'arbres qui supportent l'inondation, car, à l'entrée de l'hiver, jardins et constructions en fer disparaîtront, pour s'épanouir de nouveau après les grandes eaux, avec les premières feuilles du printemps. — Les bouquinistes établis à l'ombre des arbres. — Cafés et cabinets de lecture. — Exercices des canotiers, joutes. — Le soir, musique sur le bord de l'eau. — Délices parisiennes. — Le commerce des carriers, des débardeurs et autres industries transportés en amont du pont Neuf et en aval du pont de la Concorde. — Les docks construits au Gros-Caillou et à la Villette. — Ces squares plantés, ces jardins sur le bord de l'eau, ne seront jamais au centre de la ville que de rares apparitions, et Paris continuerait à montrer sa tristesse crottée en hiver et son aridité poudreuse en été, si on ne cherchait à faire diversion par quelques heureuses innovations. Les villes de l'Orient offrent au voyageur, comme autrefois les villes de l'antiquité, des points de repos délicieux. C'était, chez les contemporains de Périclès, un leschè; c'est aujourd'hui, chez le musulman, une fontaine, motif charmant d'architecture à l'ombre d'un majestueux platane; ce serait, à Paris, l'emplacement d'une maison achetée dans une rue fréquentée et sur le terrain de laquelle on aurait planté quelques grands arbres, dont le bouquet verdoyant, dépassant l'alignement des maisons, couperait gracieusement leur monotonie. Au fond de cette petite retraite, un architecte d'un talent original aurait exécuté quelque rêve chéri de son imagination. — Un service municipal utile servant de motif à un bijou d'architecture. — Il manque aux rues de Paris de ces monuments qui se distinguent moins par le grandiose de leurs proportions que par la perfection de leur exécution dans un petit cadre. L'un des portiques d'Athènes, le Pœcile, réunissait les œuvres des plus grands sculpteurs, des peintres les plus renommés, et il était en outre un chef-d'œuvre d'architecture : et dans quel but avait-on réuni tant de soins, de luxe et de perfection ? Simplement pour célébrer les grandes victoires du peuple grec, depuis la prise de Troie jusqu'à la bataille de Marathon. Pourquoi, dans un but semblable, ne pas élever des portiques aux carrefours de quelques rues, des portiques dans le genre de la Loggia de Florence ? Un motif à statues et à peintures, toujours ouvert aux passants, leur offrant des bancs de repos, l'ombre et l'eau rafraîchissantes, et, pour la pensée, deux ou trois de nos combats d'Afrique, peints par un homme de talent, quelques généraux ou des citoyens populaires figurés en statues sous les arcades, et voilà une halte digne d'une grande ville et d'une nation artiste. Ne vous étonnez pas de ce luxe des arts et de ces générosités grandioses demandées à notre édilité ; vous prétendez devenir l'Athènes moderne, rappelez-vous que dans l'Athènes ancienne le portique où l'on vendait la farine était décoré d'un tableau d'Hélène peint par Zeuxis, et la ville donnait 360 commodes leschès aux besoins de repos de ses habitants et à leur goût pour la conversation. A Delphes, le leschè des Cnidiens, population de pêcheurs, devait sa célébrité aux deux grands tableaux historiques de Polygnote. En multipliant ces reposoirs dans Paris, l'édilité trouverait souvent une compensation à ses dépenses, soit qu'on la cherchât dans les services que rendraient des hôpitaux de premiers secours, des bureaux gratuits d'information et de placement pour la classe ouvrière et les gens à gages, soit qu'on la demandât en prix de location à des cabinets de lecture, bureaux de tabacs, restaurants et cafés, à de grands marchands de nouveautés et d'objets de luxe, ou même à un loueur de voitures publiques, en composant ce reposoir dans la forme d'un hémicycle percé d'élégantes arcades. Souvent aussi ces portiques seraient un simple prétexte pour exposer un beau groupe de sculpture ou pour développer en peinture un souvenir national ou une parabole morale, assistée de ces bonnes sentences qui se fixent dans l'esprit comme un *memento*. Si la dévotion s'associait par un legs pieux à ce noble luxe, nous aurions aussi le reposoir religieux. La Mère de Dieu assise dans son édicule, au-dessus de la fontaine ; à l'entour des bancs et pour cadre, la riche végétation d'un platane, d'un cèdre et d'un arbre de Judée ; partout le but atteint : un bouquet de verdure pour les yeux des passants ; la fraîcheur et le repos offerts à l'ouvrier qui rentre harassé, au commissionnaire chargé comme une bête de somme, à la femme souffrante, à l'homme infirme. Refuge hospitalier, annoncé de loin, même pendant la nuit, au moyen de la lumière électrique, éclatant au milieu de la sombre verdure. — Les fleurs. Les belles plantations, cette riche végétation associée partout à l'architecture, étendront le goût des fleurs, et les fleurs sont des propagateurs du bon goût et du sentiment harmonique des couleurs. — Chez les anciens, et pendant tout le moyen âge, l'usage des fleurs accompagnait les actes les plus heureux et les plus tristes de la vie ; on se couronnait de roses dans les fêtes nuptiales et dans les cérémonies funèbres. — A Paris, on compte deux ou trois marchés aux fleurs et quelques fleuristes enfouies au fond de leurs boutiques, tandis que monuments, places, encoignures de rues, égayeraient leur nudité ou dissimuleraient leur malpropreté avec des corbeilles remplies de fleurs. — Quelle dépense! dira-t-on. — Autorisez l'usine Tronchon, nos fondeurs, nos faïenciers, nos vanniers, à faire la décoration d'une place, et quelques fleuristes à déposer dans ces corbeilles et ces caisses, qui porteront le nom du fabricant, des fleurs qui donneront l'adresse du fleuriste, et confiez-vous à la puissance de ce moyen d'annonces. Si tous les six mois on donnait en outre quelques médailles à ceux de ces exposants qui auraient fait les plus grands efforts ou obtenu, du jugement de tous, les plus légitimes succès, serait-ce une bien lourde charge que quelques milliers de francs jetés chaque année sur ce sol fécond? — L'ÉCLAIRAGE. Quand en 1666 M. de la Reynie, lieutenant général de la police, établit dans Paris des lanternes éclairées avec des chandelles de suif, on cria merveille, on frappa des médailles, on composa des chansons; nous ferons moins de bruit en prolongeant le jour, en supprimant la nuit. Ce n'est plus un rêve, la lumière électrique a résolu le problème ; ce n'est plus qu'une question de bon marché. Quand la science aura utilisé toute l'électricité qu'elle laisse se perdre ou qu'elle ne sait pas recueillir, la lumière provenant de la pile coûtera si peu, qu'on en usera partout. La nuit s'étend sur la ville : aussitôt l'astre qui se couche est remplacé par dix grands fanaux électriques qui s'enflamment au haut de grands phares, magnifiques motifs d'architecture. Cette lueur magique jette sur toute la ville un doux et argentin crépuscule qui est presque le jour, et qui est assez la nuit pour qu'on songe à rentrer et à se reposer.

MAINTIEN DU GOÛT PUBLIC PAR LA REPRÉSENTATION ET LES FÊTES.

Une ville a ses jours de représentation dans le courant quotidien et monotone de son existence, comme un particulier a ses habits de fête avec ses habits de tous les jours. Les anciens et nos pères avaient pensé qu'il était de leur devoir de faire partager au peuple le luxe et la splendeur réservés au petit nombre; ils formèrent ainsi son goût et firent son éducation, peut-être sans s'en douter, mais avec une efficacité qui ne peut être mise en doute. La religion a eu dans cette action le rôle le plus important, et à l'Église appartient l'initiative de cette influence dans les temps modernes. — Elle fut suivie, imitée, quelquefois même surpassée par les chevaliers dans leurs tournois, par les seigneurs dans les élégances de leurs fêtes, dans la pompe de leur deuil. — Cette action s'est continuée par l'Église dans les cérémonies du culte, par l'armée dans ses revues et ses parades, par l'État dans les fêtes publiques qu'il ordonne et les pompes funèbres qu'il régit. — L'ÉGLISE. Son rôle pendant treize siècles de splendeur. — Elle a été dans cette longue suite d'années le musée de l'art. — Aujourd'hui le culte est en dehors des arts; il serait plus utile qu'il fût en dedans. — De l'archéologie dans le costume et le mobilier ecclésiastiques. — Ne pas exagérer ses droits comme les Grecs le font, et bien établir qu'on n'entretient pas, comme l'Église schismatique, des prétentions à une pureté primitive et conjecturale, mais que, sans y attacher aucune importance dogmatique, on fait retour à des usages français, à des formes nationales de culte, appuyé sur des preuves évidentes et matérielles, telles que les trésors et les mobiliers des églises, les vêtements conservés pieusement ou retirés des tombeaux, comme ceux de saint Thomas de Cantorbéry à Sens, ceux des abbés de Saint-Germain-des-Prés, telles enfin que les anciennes peintures et toute la statuaire du XIe au XIIIe siècle. — Maintenir les droits de l'archéologie avec cet esprit libéral toujours professé par l'Église catholique, et en faisant la part des droits de l'art vivant et créateur, comme l'Église latine et la cour de Rome en ont toujours donné l'exemple. — Réforme du costume ecclésiastique actuel. — On rétablira l'ancien costume, si noble, si souple dans son ampleur, si majestueux dans ses grands plis motivés, et qui s'est transformé peu à peu, par l'influence de chasubliers sans goût, en quelque chose de ridicule, ou, qui pis est, car le ridicule est facile à combattre, en un costume d'une roideur faussement traditionnelle. Outre les modifications de la forme, il y a encore à chercher la nature des étoffes neuves et les dessins convenables. — L'orfévrerie d'église à réformer dans le même sens, en conservant le champ libre aux créations de nos artistes. — Recherche des bons procédés anciens pour faire des œuvres rajeunies. — Mais ces réformes entreprises sans direction et sans ensemble par des fabricants dépourvus de notions sérieuses de l'archéologie ecclésiastique et du sentiment de l'art suscitent mille tentatives malheureuses qui entraînent les églises dans des dépenses regrettables. — De même que nous proposons une grande manufacture modèle pour l'art vivant, de même nous croyons utile que l'État encourage, stimule et subventionne un grand atelier d'objets d'art à l'usage de l'église. M. Viollet le Duc est indiqué pour diriger cet établissement. Il lui serait garanti une commande annuelle de 100,000 francs d'objets usuels pour le culte, à la condition de livrer ces objets au prix de revient et de renoncer à toute propriété sur ses modèles. — On voit où j'en veux venir : donner l'occasion de produire, mettre en évidence l'atelier recommandable, et cependant offrir à toute l'industrie les moyens de suivre la même voie. — L'État répartirait ses acquisitions entre les plus pauvres églises de nos misérables hameaux, et formerait, avec les productions hors ligne, un musée d'église, c'est-à-dire une exposition permanente à l'usage du clergé. Le musée de Cluny offrirait ce rapprochement des plus belles créations originales de l'art gothique disposées chronologiquement dans le musée et des meilleures productions de l'art moderne étalées par spécialités dans l'annexe publique; il provoquerait, au moyen de ce parallèle, une épuration dans le goût public et dans l'industrie qui dessert le clergé. — Autoriser les processions dans les rues, encourager les solennités religieuses qui unissent la pompe et l'éclat aux meilleurs sentiments de la piété. — LES FÊTES CIVILES. En 1791, 92 et 93, on a fait beaucoup de projets de fêtes nationales, on en a exécuté quelques-uns ; ceux de David peuvent être placés en tête pour le pathos et le ridicule, ceux de Lakanal pour l'affectation du champêtre, des vertus civiques et des joies domestiques. Ces fêtes ont changé de caractère suivant les circonstances et les temps, mais jusqu'aux cornes dorées des bœufs de 1848 elles n'ont eu aucune signification. L'explication d'un pareil avortement continu est dans ce fait, que l'art y a eu trop peu de part, tandis que l'entrepreneur des fêtes était tout-puissant. Quand on a beaucoup voyagé, quand on a vu les fêtes de tous les pays, on se rappelle l'illumination de Saint-Pierre de Rome et la girandole du château Saint-Ange, le reste flotte vaguement dans le souvenir ; l'intervention de l'art donne la raison de cette différence. L'illumination de Saint-Pierre, c'est un majestueux monument dessiné en lignes de feu ; la girandole, c'est un immense candélabre au haut duquel s'enflamme un volcan pour éclairer magnifiquement une ville monumentale. — On dépense chaque année à Paris 400,000 francs en fêtes publiques. Le dernier lampion éteint, la dernière fusée tirée, il ne reste de cette grosse dépense que des taches de graisse et de fumée sur nos édifices, des fondrières de pavés bouleversés et de laids échafauds, qui pendant deux mois entiers embarrassent la voie publique. Il serait possible d'employer cet argent d'une manière plus digne d'un peuple civilisé, en le faisant concourir au progrès des arts. — Prélevez sur ces crédits 50,000 francs pour les verres de couleur et autant pour les feux d'artifice, car dans une fête il faut faire la part de l'éclat et du bruit. Donnez aux 300,000 francs qui restent à votre disposition une noble destination. Qu'un architecte reçoive une année à l'avance la commission d'ordonnateur de la fête, qu'il prenne pour programme soit une vaste création nouvelle, soit la décoration d'une de nos places, soit enfin la restitution de quelque célèbre monument de l'antiquité. Il étudiera ses projets tranquillement dans le silence de l'atelier, il combinera l'ornementation avec les jeunes peintres et sculpteurs, dont l'imagination se prête volontiers à ces résurrections grandioses, et au dernier moment, quand tout sera bien combiné, bien mûri et exécuté par fragments, le rêve sera réalisé et se dressera en peu de jours sous les yeux de la foule ébahie. Ce seront des châteaux en Espagne, mais des châteaux réalisables, puisqu'ils seront conçus par un architecte, c'est-à-dire par un artiste, qui, tout en s'abandonnant aux rêves de son imagination, tout en construisant en toile et en carton, se rattachera à la réalité par les grands côtés de l'art. Féconde initiation de la foule aux inspirations du génie ; aide puissante apportée aux imaginations lentes ; barrière excellente opposée aux idées infimes, au petit art, au faux goût. Habituée à voir ces magnificences réalisables, la population entière sifflera les mesquineries réalisées. Elle ne voudra plus que la médiocrité, sous aucune forme, se prélasse sous ses yeux, et, quand il s'agira d'élever un monument national, elle demandera à grands cris l'homme qui aura fait preuve de grandeur dans la conception et de pureté dans le style. — Voyez par un beau soleil ou aux clartés magiques des lumières électriques les rampes de Chaillot surmontées d'un monument digne de cette belle position, la place Louis XV devenant la première place de la première ville du monde, le Parthénon reproduit sur le terre-plein de la place Dauphine et dominant les quais, la Madeleine enveloppée de toile et, d'un froid monument romain, devenant le plus noble temple grec dans toute la magnificence de la polychromie, c'est-à-dire des arts associés, le Champ-de-Mars disposé en arènes antiques, avec les courses de chars et les combats d'animaux imités dans toutes les règles; cette année, nous aurons une palestre animée par les lutteurs, embellie par ses portiques remplis de statues et de peintures; une autre année, nous assisterons, 50,000 spectateurs à la fois, à une tragédie grecque jouée dans toute sa simplicité, sur un théâtre qui reproduira les magnificences des arts que les Grecs répandaient dans les monuments publics de ce genre. Songez à des portiques aériens, à des jardins suspendus, à des ponts d'un caractère monumental, inconnu aux générations présentes, à des monuments commémoratifs que la nation attend, et qu'elle réclamerait si elle les voyait aussi grands que ses souvenirs. — La routine s'écriera : Le peuple se soucie peu de vos imitations antiques. Une fête n'est pas un lieu d'étude, et les chemins de fer montrent les monuments de la terre à ceux qui veulent les voir. Je ne ferai qu'une réponse : Si le peuple ne s'intéresse pas à ces grands spectacles, qui sont en même temps de magnifiques études, ajournez-les; c'est que le peuple est plus arriéré, moins artiste que je ne le suppose, c'est une affaire de temps. — Palais du chef de l'État, hôtel de ville, ministères, montrant dans les solennités autant d'éclat de lumières et plus de délicatesse de goût. — En toutes choses, s'adresser aux artistes, et mettre à la porte les tapissiers qui ne sont pas artistes. — ILLUMINATIONS. Sortir de la routine; les lampions vont être remplacés par des becs de gaz : c'est un mince avantage si l'art ne tire pas parti de ces cordons de lumière. — POMPES FUNÈBRES. Le 15 décembre 1840, les cendres de Napoléon, rapportées à Paris, furent entourées d'une pompe funèbre digne de la grande figure de l'Empereur et de la noble pensée du roi Louis-Philippe. Visconti s'acquitta dignement d'une tâche qui allait à son talent souple, à son imagination pleine de ressources. Cette belle cérémonie impressionna fortement la population; elle prouva le parti qu'on pouvait tirer, au point de vue de l'art, de la pompe funèbre. Mais de telles solennités ont lieu une fois tous les siècles, et le convoi funèbre se renouvelle à Paris 35,000 fois tous les ans. — Que fait la municipalité pour entourer ces cérémonies douloureuses de l'appareil digne et sévère qui convient à leur caractère ? Elle possède là un moyen facile de promener sous les yeux de la population, chaque jour et à toute heure, un spectacle qui attire son attention sympa-

7

thique, car ces convois funèbres partent de tous les points de la ville, traversent lentement toutes ses rues, et recueillent partout les hommages respectueux qu'on n'accorde qu'à la mort, au redoutable représentant de l'incontestable égalité. La municipalité n'a qu'une préoccupation, celle de faire rendre le plus d'argent possible à ce service municipal. Dans ce but unique sont combinés avec une minutie de comptable les prescriptions, règlements, tarifs et adjudications. Je les ai tous lus attentivement, espérant trouver dans ces documents administratifs le chapitre du matériel, dans lequel il serait question des beautés de l'art, convoquées aussi à ce concours funèbre; le chapitre du personnel, dans lequel on nommerait l'artiste chargé de présider au renouvellement du mobilier, des costumes, de la carrosserie : je n'ai rien trouvé dans quelques centaines d'articles, pas un mot qui indique que l'administration municipale ait songé à la protection de l'art, au maintien du goût public, ait cru que sa mission n'était pas complétement remplie, même après avoir obtenu, le 16 novembre 1842, une remise de 71 fr. 56 cent. p. o/o sur les objets fournis en location et de 15 p. o/o sur les fournitures réelles, soit environ 700,000 francs de bénéfice. Aussi, suivez les convois funèbres de cette grande capitale, dont le nom est synonyme, sur la terre, d'élégance et de noblesse, et voyez si cet attirail de deuil et ce cérémonial funèbre sont dignes d'une nation qui se respecte, d'une population qui comprend que la dignité sied à la douleur. Corbillards, voitures de deuil, harnachements, livrées, personnel; et dans l'église, le catafalque, les chandeliers en bois argenté, les trépieds en carton peint, les ornements des tentures de deuil, le mobilier funèbre en un mot, et tout, sans exception, loin d'élever la tristesse dans une sphère supérieure aux misères de cette vie, provoque le rire des hommes de goût et les quolibets des artistes. — Réforme urgente. — Adjudication prochaine. — Rabais accordé à la condition d'un renouvellement entier du matériel et de l'enrôlement d'un personnel convenable. — Nomination d'un artiste de goût et de savoir pour présider à cette réforme générale, aux modifications successives et à l'entretien. — Aucune partie de l'archéologie n'est mieux connue, aucune partie de l'art n'a de plus beaux et de plus touchants modèles. — Nouvelles créations dans un mélange d'archéologie et d'art.

MAINTIEN DU GOÛT PUBLIC PAR LES ÉLÉGANCES DE LA COUR.

Chapitre à faire. — Circonstances nouvelles. — Les questions de costumes sont futiles, et cependant quels soins n'apporte-t-on pas à l'habillement des troupes pour les rendre élégantes et brillantes! Ce n'est pas de la couleur des uniformes que dépendra leur courage; à ces broderies d'or ne sont pas attachées les vertus militaires, mais on veut que la vue seule de l'armée donne une idée de sa force et de son intelligence. — Ayez autant d'amour-propre pour la nation entière. — Les grandes variations du costume sont la formule extérieure des changements introduits dans la constitution d'un État. La mode ne les fait pas, elle les subit et se contente, victime résignée, de les adopter, en les ornant de quelques fleurs ou de quelques rubans. — Au costume guerrier du xvᵉ siècle a succédé le costume élégant du xvıᵉ. Les guerres civiles et religieuses en ont fait, au commencement du xvıᵉ siècle, un costume militaire, élégant encore, mais qui sentait le camp. Louis XIV lui donne l'ampleur et la majesté de son règne; Louis XV lui laisse prendre toutes les mollesses, toutes les afféteries de ses goûts; mais la révolution rugit, et le frac noir et le pantalon deviennent l'expression de l'égalité, dont notre paletot est la plus manifeste consécration. Ce sont donc de graves événements, de grands courants qui changent les costumes; mais, pour les modifier, il ne faut que la mode. Un rien, moins que le vent qui fait tourner la girouette, un caprice de femme change la mode, et le gouvernement le plus fort n'y pourrait rien en mettant en mouvement son armée et sa police. — On sait quelle a été, en tous pays, l'influence de la cour sur la mode, quel empire a exercé sur elle la cour de France jusqu'à la Révolution; David prit sa place, et l'on sait aussi le costume étriqué, l'ameublement anguleux, la décoration froide qu'il substitua à toutes les élégances du bon goût. Depuis lors, la mode n'a su se fixer. L'ancienne aristocratie aurait pu la recueillir, mais elle a abdiqué toute influence, elle vit d'économie. De loin en loin elle fera retourner ses rideaux, redorer quelques bronzes ou de vieux meubles, rajuster d'anciens Boule; mais elle a cessé d'être militante, et il faut le dire, au grand détriment du bon goût, car c'est là que se conservent les vieilles traditions des manières distinguées, du bon langage et de la protection désintéressée des arts. — L'industrie ne s'alimente pas avec les regrets du passé, elle vit de ce qui est vivant, de ce qui facilite l'écoulement de ses produits. Elle a donc regardé autour d'elle, et voyant que l'ancienne aristocratie n'achetait rien, elle a été au-devant de sa vraie clientèle, l'aristocratie qui achète, le véritable Amphitryon, comme le dit Sosie; or, l'aristocratie chez qui l'on dîne, chez qui l'on danse, qui réunit autour d'elle les magnificences du luxe et les productions des arts, c'est l'industrie financière. — Tableau de ce monde. — Les qualités du cœur, la supériorité de l'intelligence, les délicatesses du goût, ne sont pas absolument nécessaires dans les affaires; elles sont plutôt nuisibles. — Origine des gens de finance. — Éducation de leur enfance. — Société de leur jeunesse. — Ils subissent les influences de femmes de bas étage qui ont recueilli dans les ateliers des artistes des notions incomplètes et qui associent à leurs goûts d'élégance et de luxe des tendances de clinquant. — Ils exercent, sous cette tutelle, une influence fâcheuse sur le goût public et sur les tendances des artistes. — Personne ne se méprendra sur mes critiques et ne les fera porter à faux sur les représentants de nos anciennes maisons de banque, sur d'honorables négociants qui, nés dans l'aisance et au milieu des chefs-d'œuvre de l'art acquis par leurs pères, ont développé leur goût, en même temps que leur intelligence, par les études classiques et les voyages. — On se rappelle ce que j'ai dit des marchands de l'antiquité, qui élevaient des villes monumentales; des marchands de poissons et de vins, des joailliers de Pompéi, une petite ville de province, qui chargeaient des peintres de talent de représenter sur leurs murs les particularités de leur industrie, ou des sujets tirés de l'*Iliade,* comme dans la maison du Poëte, ou la *Bataille d'Issus,* entre Alexandre et Darius, figurée en magnifique mosaïque, comme dans la maison du Faune; on n'a pas oublié non plus de quelle manière j'ai parlé des marchands du moyen âge, qui, comme Jacques Cœur, embellissaient leurs villes; des marchands de Venise et de Gênes, qui bordaient les canaux et les rues de leurs palais de marbre. L'équivoque n'est pas possible : on reconnaîtra que j'ai eu uniquement en vue les épaves de la Bourse, et je ne crois pas avoir mal jugé leur détestable influence. On ne me reprochera pas non plus de critiquer le vrai luxe; à mon avis, le bien-être est la moralisation la plus efficace des masses, comme le luxe est la propagande la plus active des arts.

— L'influence d'une cour peut être toute-puissante dans les circonstances présentes.— Ce qu'a été la cour de France, ce qu'elle peut être de nos jours.

— Du costume. Nous portons avec satisfaction, avec toutes sortes de recherches, des habits et des paletots que nous n'osons pas mettre à nos statues, que nous trouvons ridicules sur les épaules d'un grand homme. — Un artiste préférera représenter son personnage en robe de chambre, ou en manteau de voyage, plutôt que dans nos habits officiels. — Cela ne prouve-t-il pas que nos instincts naturels et nos besoins nous donneraient des vêtements plus raisonnables que la mode? La blouse elle-même deviendrait un costume pittoresque, si, sans rien changer à sa forme, sans rien ajouter à son prix, un fabricant artiste introduisait dans le tissage de l'étoffe, à l'imitation des Maronites de Syrie, quelques dessins colorés descendant des épaules et du col sur la taille, s'il y ajoutait une ganse et deux glands pour relever gracieusement les manches, et une ceinture de laine de couleur pour ceindre la taille. — Nous verrons ces réformes. — Quant au costume actuel des femmes, je ne sais pas mauvais gré à la mode d'être ridicule, cela la regarde et c'est passager; son crime, à mes yeux, est de rendre la nature ridicule. Supposez, au milieu d'un salon rempli de femmes à la mode, Vénus en personne descendant sur des nuages; on la trouvera étriquée, mal proportionnée, indécente, non pas du trop, mais du trop peu. — Il y faut songer, le goût risque de se perdre au milieu de ces extravagances de la mode. — Il est si facile de la dominer. — Cette déesse capricieuse ne se laisse rien imposer par l'autorité des lois et par la force des baïonnettes, mais elle cède au bon exemple. — La grande manufacture donnera les bons, les vrais modèles pour toutes choses; en même temps, l'enseignement public des arts disposera la nation entière à les accepter; de ce moment, l'industrie, qui faisait indifféremment, et les yeux fermés, le bon ou le détestable, suivant que le requérait la mode, mettra ses puissants moyens d'action à reproduire seulement les bons modèles et à répandre partout, suivant les mêmes principes, les nouvelles créations des artistes; simultanément la cour exercera son influence sur le costume, parce que, aussi bien que la grande manufacture, elle saura ce qu'elle veut et où elle tend. — Son programme étant bien conçu et successivement développé, je ne crois pas qu'elle éprouve de résistance à le faire adopter, car il sera, à la fois, le plus gracieux et le plus noble, le moins choquant à la vue et le mieux approprié à nos besoins. Le succès dépend beaucoup de la manière de s'y prendre. Descendre dans la rue avec la chlamyde attachée à l'épaule, comme les primitifs de 1795, ou avec l'habit boutonné par derrière, comme les saint-simoniens de 1830, c'est faire rire de soi dans une question où le ridicule est armé jusqu'aux dents; mais procéder sans qu'on s'en doute, par l'influence des femmes à la mode et des jeunes gens les plus élégants; ne pousser ni à un costume historique ni à une réforme à la Bloomer, mais marcher dans la voie étroite qui longe le bon goût et les habitudes reçues, sans sortir trop abruptement du cercle restreint dans lequel se meut la mode, où elle a l'habitude de tourner et de revenir sur elle-même, c'est un moyen sûr d'atteindre le but.

En résumé, le maintien du goût public est un devoir de l'État, une mission facile, et, loin d'être la ruine des finances, ce sera une des sources les plus fécondes de la prospérité commerciale du pays. C'est un peu avec de l'argent, c'est beaucoup avec son initiative, c'est surtout avec ses conseils et ses encouragements que l'État obtiendra ces résultats considérables.

TABLE DES MATIÈRES.

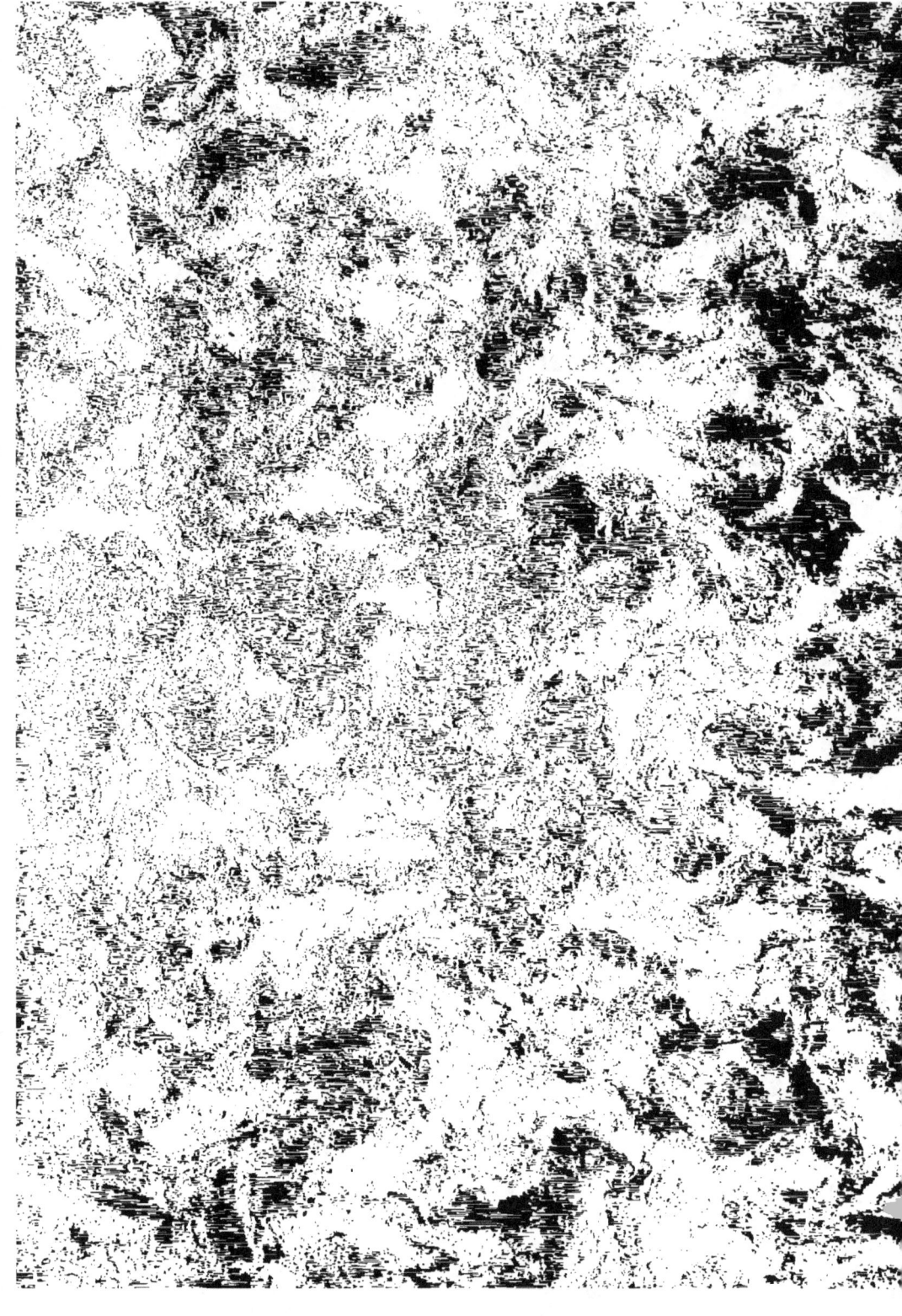